宇宙存在ミラが教える
最高にハッピーに生きるアイデア

悟り前の地球の遊び方バイブル

旺季志ずか

ナチュラルスピリット

はじめに

ハロー、エブリワン！
ミラだよ！
この地球は、「味わう」エンターテインメントランド。
今、この地球は、史上最高に〝美味しい〟時期に来ている！
自分が何者であり、なぜこの星に来たのかを
思い出す人がた〜くさん出てくる。
肉体を持ったまま目を覚まして、三次元の物理次元を楽しめるなんて、
今しかできない地球人の最高の遊び。
この三次元でハッピーに生きるアイデアを
余すことなくシェアするよ！

今日は「どんな現実」創って遊ぶ？

エンジョイ！

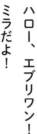

シーラ（旺季志ずか）からのごあいさつ

悟りの前に「人間」を楽しもう

初めまして。シーラです。「シーラ」は私、旺季志ずかのアーティストネーム。

２０１３年秋、私は夢をほとんど叶えていました。でも、幼少期から青春時代までは、とても辛いものでした。仕事もお金も恋愛も、最低の三重苦。いつもうつむいて歩いていたその頃の自分のことを、今では「不幸のデパート」と呼んでいます。

そんな私の人生が好転したのは、ある一冊の本との出会いでした。「バシャール」という宇宙存在からのメッセージが書かれたその本に出会ったときの衝撃は、今でも忘れられません。

端的に言うと、「現実は自分の周波数が創造している」「ワクワクは自分にとって真実を意味するサイン」というメッセージだったと思います。

その出会いが、私の〝**意識を使って現実創造する**〟人生の始まりでした。

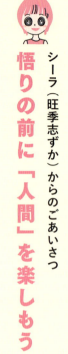

心が羅針盤であり、「ワクワク」を選んだら、人生もそうなっていく――。
それは本当だったのです。

結果、独創的で面白い男性と恋愛し、結婚しました。仕事では、脚本家の新人賞を受賞し、そこからは、とんとん拍子でテレビドラマの脚本の仕事が殺到するようになりました。

初めて書いた小説『臆病な僕でも勇者になれた七つの教え』（KADOKAWA）は、ベストセラーに。また、秋元康先生がプロデュースする「吉本坂46」のオーディションでは、二度も国民投票1位をいただいて合格し、ソニーミュージックからアイドルデビューしました。

2021年には、代表を務める「音と映像と舞台の株式会社」で、2億円近くの売上を達成。貧乏な頃、憧れだった東京タワーが見える麻布十番のマンションを購入し、その後、葉山に家を構えました。

ブランド爆買いや、高級ホテルに泊まる世界旅行も体験しました。もちろん、長い人生の間には辛いことや悩むこともありましたが、夢をほとんど叶えることができたのです。

そんな私に残っていた夢が、〝好きな俳優を集めてミュージカルを創る〟ということでした。そこで、4年かけてコツコツ準備をし、ミュージカル『THE STAR～悪魔と契約した男～』を作、演出、総指揮、上演をしたのです。

運命の相手ツインレイと出会うラブストーリーですが、観た人たちに深い癒しや不思議なミラクル体験が起こることから「覚醒ミュージカル」と呼ばれるようになりました。

尊敬するミュージカルスターの原田優一さんを主演に、一流の俳優やスタッフ陣と最高の舞台を創りあげることができ、私の一生に一度の夢が叶ったのです。

しかし、その後、強い絶望に沈みました。何か悪いことが起こったわけでもないのに。だからこそ、余計に苦しみました。

そんな日々の中で、ある人との出会いをきっかけに、私の意識がパチンと切り替わったのです。それを言葉にすれば、こういう感覚です。

「私」が消えた――。

「真我」という〝私がいない意識状態〟になったのです。と同時に、自分の中のあらゆる問題も消え去りました。

世界が美しく、ただ静かな至福があるだけ――。

今までもこのように意識が覚醒する「一瞥体験」というものを、経験したことがありました。でも、このときは強烈でした。

絶望していた地獄のような状態が、一瞬で天国に変わったのです。その素晴らしい状態に、こんな思考が湧きました。

「ずっとここにいたい。この場所から降りないでいられるのかな?」

とたんに、その状態が終わりました。

一瞥体験から戻って来た私を、さらに深い絶望感が襲ってきました。まるで、天国から地獄に落ちた気分でした。

もう、現実で得られる快感、例えば、恋愛や仕事の成功やお金を使った贅沢、そんなものが自分を本当には満たさないことに気づいてしまったのです。

それらは全部、暇つぶし、自我（エゴ）の喜びにすぎない。

真我の喜びを経験してしまった私には、自我のある次元が苦しくてたまらなくなったのでした。

「生きることは苦しみだ……」

そう思うと同時に、宇宙存在「ミラ」のメッセージを伝える本を書く意味がわからなくなりました。

ミラからもたらされる情報は、この3年間で、数千人の人生に影響を与えてきました。人生を楽しく豊かなものに変えたのです。

でも、それはあくまでも「自分」という「個」がいる、自我がある次元に役立つものでした。

現実を変容させるその圧倒的な効果に感銘を受け、自分自身も使ってきたし、人にも伝えてきました。でも、「真」の幸せに至る手段は〝悟り以外にない〟と気づいてしまった……。

覚醒への手引き書でもないミラの本は、必要ないのではないか？

そう思い、天に向かって文句を言いました。

「神さま助けて！」「ミナモト助けて！」

至福から絶望状態に落ちて彷徨う、三日目のことだったと思います。

「人間を楽しみなさい」

いきなり、そんな言葉が降って来ました。

人間を楽しむ――。

そのことを噛み締めたら、高い視座が戻って来ました。自分が創造主であることを忘れてドラマを演じている……、人間ってなんて面白いんだろう、という境地になり、世界が再び輝き始めたのです。

悟ってしまっては、できないこと。「自分」という自我があるからこそ、起こること。

笑ったり泣いたり、そんな現実に一喜一憂する次元。

それがどれだけ素晴らしいか、身に染みるようにわかったのです。そのことが腑に落ちたときから、どんな瞬間も、悲喜こもごもも愛しく、泣くほどの感動を伴うようになりました。

魂のミナモト（真我）に戻る旅路が人生であるなら……、これからの地球では、覚醒し、人生を楽しむ魂がたくさん出てくるでしょう。

＊

でも、それまでの自我がある時間、そのことが決して苦しい修行ではなく、喜びに満ちたものになるために、ミラの情報は役に立つ。

私たちはみな真我の存在に過ぎず、現実が幻想であると知ったからこそ、「個」がいる次元とそこでの時間を幸せに暮らすための高い視座が必要なのではないか？

苦しみにしか思えない状況のときでさえ、そのことを「遊び」と捉えるミラの視点は、すべての人をハッピーにする「**最高の地球の教科書**」になる――。

＊

そのような確信が胸に満ちました。

この本は、人生を最大限に楽しむための、異星人ミラからのメッセージを収めたものです。

「宇宙人なんていない！」と思う人もいるでしょう。無理に信じる必要はありません。私だって、いつも「本当にいるの？」って思っちゃっていますから。

でも、この現実のすべてが幻想ならば、なんでもありなのではないかしら？　人生を豊かにハッピーにすることができるなら、何でも活用して、とっとと思い通りに生きたらいいじゃん？

この本で紹介するミラのユーモアに満ちたメッセージが、あなたの人生を豊かにしてくれますように。

ミラによる**「悟り前の地球の遊び方バイブル」**、はじまり、はじまり。

お楽しみください！

目次

自己実現

第4章 教えて、ミラ！ お悩みQ&A

第5章

ミラとスターシードの特別な繋がり

第1章

魂の約束・ミラとの出会い

私の仕事と20代までの暗黒期

私の仕事は脚本や小説の執筆、お芝居やミュージカルの演出です。

テレビドラマは100本以上、本当にたくさんの脚本を書きました。『ストロベリーナイト』『特命係長 只野仁』『正義の味方』『女帝』『カラマーゾフの兄弟』『屋根裏の恋人』などの連続ドラマから、『佐賀のがばいばぁちゃん』『トイレの神様』などの単発ドラマ、映画、舞台の台本も手がけました。

また、「BSDアクティングスタジオ」という演劇学校と、「音の癒やしサロン・ボディスキャン」という健康サロン、舞台製作をする「音と映像と舞台の株式会社」という会社を経営しています。

私は、これらの仕事をすべて「直感」に従ってやってきました。

クリエイターの延長線上でビジネスが自然に始まったので、「マーケティング」や「CEO」という言葉さえ知らなかったビジネス無知にもかかわらず、右肩上がりで売上を上げてきました。仲間に恵まれたおかげもありますが、〝すべてが「意識」の顕れである〟と理解していたことが大きく、宇宙存在ミラと出会ってからは、その情報を使ったおかげで事業が飛躍的に伸びていったのです。

「はじめに」でも書きましたが、生まれてから20代までは暗黒時代でした。

私が生まれてすぐに父が余命宣告を受け、教師の母が一家を経済的に支えていました。

父は闘病と将来の野望が閉ざされた苦しみから、私に夢を託す厳しい教育パパとなりました。その結果が、行き過ぎた「躾」と称する虐待。

そのせいか、何をしても自信がなくなった私は、人見知りでとても孤独な少女でした。やっと自分らしく生きられると思ったのは、大学に入り、東京で一人暮らしを始めた頃。厳格な家庭から解き放たれて自由になれたと思ったのです。

しかし、今度は「貧乏」という牢獄が始まりました。

月に10万円の仕送りでの一人暮らしは大変でした。大学卒業後、女優の道を志して勘当されてからは、さらに経済状態は厳しくなりました。

俳優事務所に入ったものの仕事はなく、レッスンとアルバイトの日々。レッスンにかかる費用は高く、家庭教師からビルのガラス清掃、銀座のホステスまで、数えたら50種類の仕事をしていたくらいです。

いつもお金に困っていて、ご飯に醤油をかけて食べていました。当時はコーラの瓶30円、ビール瓶5円で酒屋が買ってくれたので、拾い集めて売って、銭湯に行く費用にしました。

そんな貧乏生活の中、憧れの俳優さんと付き合うことになり、天にも昇る幸せを感じました。でも、これもすぐに苦しみの種になりました。彼には公表していない妻子がいたのです。

チャネリングが始まり魂の仕事を決意

そんな私の人生に転機が訪れたのが、スピリチュアルなことに興味を持った1989年。

当時女優の卵だった私はシャーリー・マクレーンが好きで、彼女が書いた『アウト・

オン・ア・リム』という本で、初めて精神世界に触れました。それからは、スピリチュアルな本を読んだり、瞑想を始めたり、タントラなどのワークショップに参加するようになりました。

アメリカのセドナやシャスタ山、イギリスのストーンヘンジ、インドなど、パワースポットと言われる場所にもたくさん旅をしました。

当時の私は20代で、舞台で演じているときに〝超意識体験〟をしたのですが、それがいわゆるワンネス体験だと知ったのは、スピリチュアルな知識を得てからです。

そして、「チャネリング」が始まったのは、1992年にマチュピチュを訪れたとき。当時、「バシャール」をチャネリングされていた関野あやこさんと一緒に行ったツアーでのことでした。

たくさんの情報が降ってきて戸惑う私に、あやこさんから「水道の蛇口を開いたとき、最初は濁った水が出ても次第に綺麗になっていくように、情報もそうなるから信頼して」と励まされたことを覚えています。

それは非常に衝撃的で楽しい経験でしたが、オウム事件により、スピリチュアルなことがタブー視されるようになり、保守的なテレビの世界で仕事をしていた私は、チャネリングが始まったことを秘密にしていました。

それをオープンにしようと決意したのは、東日本大震災が起きたとき。命の危機を前にして、テレビドラマを書く私の仕事は何の役にも立たないことを痛感するとともに「人類の目覚めに貢献する魂の仕事を始めるときだ」というサインがやって来ました。

そこで、「スピリチュアルな知恵を盛り込んだ物語を書こう」と決意し、生まれたのが初めての小説『臆病な僕でも勇者になれた七つの教え』という、チャネリングで書き下ろした冒険小説です。

その小説、通称「オクボク」に、老師（ラオシー）という、主人公に智慧を授けるカエルの風貌をした霊的な存在が登場します。お茶目なダジャレを言う賢者です。

その老師が、実はミラだったことを後になって知りました。小説を書いているときは、まさか自分が宇宙存在と繋がるなんて思ってもみなかったので、気づけなかったのです。

自分に許可を出したらミラが現れた

ミラと本格的に繋がったのは、2021年の初夏。

人には、それぞれ**「魂のデザイン」**があります。それは、この人生に生を受けたときに魂に刻まれた「特質」であり、その人だけの人生の目的だったり、魅力だったり、独自のきらめきの情報です。

私が手がける「BSD」は、Brilliant Soul Design＝魂のデザインを輝かせて生きることを意味し、そんな人生を歩んでいる人たちを「BSDアーティスト」と銘打ち、育成しています。

当初、「BSDアーティスト養成オンライン講座」を開く準備をしているときでした。

縁あって、沖縄の精神科医・越智啓子さんにお逢いしたのです。

ランチのときに、越智先生が宇宙人を見たという話をしました。

「そのお部屋にね、宇宙人が歩いていたのよ。でも、誰も気づかないの」

私は、その言葉を聞きながら衝撃を受けていました。

今まで、宇宙存在のことを話す人はたくさんいました。その際に、その人がしゃべる〝音（＝周波数）〟は、私にとってどこか落ち着かないものが多かったのです。でも、越智先生が発する音は、「昨日の晩ご飯、秋刀魚だったのよ」と同じくらい、ごくごく日常的に感じられたのです。

私は思いました。

「こんなふうに普通に宇宙人のこと話せるっていいな。それだったら、私も宇宙人に会ってみたいな」

その翌朝のことでした。私の家にミラが現れたのは。そうです、やっと、私が宇宙存在というものを受け入れる許可をしたからなのです。

それからも、疑い深い私はミラの存在を完全には信じていませんでした。いや、今だって、宇宙存在なんてジョークに受け取ってもらうくらいの方が気が楽です。

だけど、ミラの情報の素晴らしさといったら！　私自身、ミラの情報で何度救われたかわかりません。そして、多くの人から感謝の報告を受けています。

ミラの存在が本当かどうかは置いておいて、この情報を使ってみてください。めちゃくちゃ軽やかに人生が楽しくなるのは保証します！

宇宙存在たちが地球を応援する「フラワー作戦」

今まで明かしていませんでしたが、ミラはアンドロメダからやって来ました。私、シーラの未来生です。

シーラという名前は、「吉本坂46」でアイドルデビューしたときに、友人のアーティストである竹腰紗智さんが名付けてくれました。

私の魂は、現在の地球の変革を応援しにやって来た「スターシード」で、ミラからサポートされることは魂の約束でした。「スターシード」とは、地球の次元上昇《アセンション》のために地球外の惑星から来た魂を持つ存在のことです。

ミラたち宇宙存在は、地球への応援として「フラワー作戦」というプロジェクトをやっています。人は花のようなものであり、それぞれの花が独自の美しさや香り、周波数（＝音）を通して才能を発揮する、その応援をしようという運動です。

独自の花とは、「魂のデザイン」の象徴です。「魂のデザイン」に沿った生き方を始めたとき、今まで味わったことのない喜びを感じ、それによって宇宙の流れに乗ることになり、大きく人生が変わり始めます。

私は、ミラたち宇宙の存在と、この「フラワー作戦」を通して地球と人類を応援するとともに、この変革のフェスティバルを楽しむために、地球に転生したようです。

ミラの特徴は軽やかさと大きな愛

ミラの情報を伝える中で、よくされる質問が「バシャールとどう違いますか?」というものです。

バシャールの場合、ダリル本人が知らない難しい科学など、どのようなことでも情報がやってきますが、ミラの場合、心の問題や在り方、「魂のデザイン」を明らかにして、その人らしい生き方をするにはどうしたらいいかという情報が主です。

これはミラの特質というより、私シーラの興味がそれだからです。

私は「魂の進化」にしか興味がなく、私とミラがやるコンサルやワークショップは、「受講者の人生が変わるものしかやらない」とコミットをしています。だから、受け取る情報も、そうしたものとなります。

ミラの性格……性格と言っていいのか疑問ですが、そのエネルギーの質は、めちゃくちゃ軽やかで愉快です。

そして、超ポジティブ。それは、陰陽がある二元でのポジティブではありません。どんなことにも「いいね！　いいね！」と肯定してくれるエネルギーは、ワンネスの愛。揺るぎない応援のエネルギーです。

公開コンサルで、ある方が深刻なご相談を終えて、晴れやかな顔に変化されたとき、ミラが言いました。

「一丁あがり！」

元気な気持ちになられたとはいえ、そのご相談が相当お辛いものだったので、私はこの言葉が聞こえたとき、唖然としました。そしてその言葉は伝えずに、次の方のコンサルに移りました。その方のコンサルが終わったときも「一丁あがり！」と聞こえるのです。

そのエネルギーがあまりに軽やかなので、思わず吹き出してしまいました。

zoomコンサル中
シーラちゃん
うん
うん
ほんで？
――で
――なんです
…………
あっ
あ――――!!
あーっ もう
イヤや
こんなん言うの
あやしすぎ!!…
じた
じた
じた
あ〜〜〜…
〜〜〜っ
もう
言うわ!!
あんな？
ずどん
ミラの言ってることを、そのままお伝えしちゃいます！
もっ
ほい
一丁上がり♡
もっ
オヤツは
魚肉
ソーセージ

それで、公開コンサルの場にいた参加者にその言葉を伝えたのですが、聞いたみんなは大喜び。

ミラはどんな状況であっても、深刻に捉えない。だけど慈愛に満ちていて、軽やか。

そんな彼（彼女？）の毒舌さえも愛される魅力になっているのは、ミラが大きな愛で接しているから。そのエネルギーが、みんなから深刻さを取り払い、〝どんなことも、この地球での大切な遊び「ミルクレープ劇場」なんだ〟と思い出させるのです。

「ミルクレープ劇場」については、とっても重要なミラの哲学の一つなので、後ほどご紹介します。

チャネリングを公表するまでの葛藤

ミラと繋がって、3年が経ちました。意識を向けると、いつもそこに現れてくれます。

今でもときどき、「本当にミラはいるの？　私には視えているけど、これって本当なの？」と疑ってしまいます。だけど質問すると、私自身が考えたとは思えない高い視座の答えがやって来て、いつも驚かされます。しかも、多くの人に結果を出してきたので信頼は高まりました。

それでも疑いを発動する私に、ミラは「どうして、そんなにボクの存在を疑うの？」と尋ねます。「本当に信じちゃったら怖い」と私はいつも答えます。

なぜ、怖いのかなぁ……。たぶん、いろいろ突き抜けちゃうからですね^^

ですので、私から情報を受け取る人にも、「あなたが腑に落ちる情報を使ってください。ミラとシーラが言ったからといって鵜呑みにせず、あなたの直感を使ってください」とお伝えしています。

生来臆病な私は、一歩一歩、ビビりながら進んでいます。

ミラと繋がり始めた２０２１年夏、〝トランス状態で情報を降ろしている姿をインスタグラムにアップしろ〟という直感がやって来ました。ミラからのメッセージは、大体が言葉やイメージやエネルギーなど、直感でやってくるのです。

「絶対いや！」「恥ずかしいでしょ！　私、一応、脚本家って立場があるし、怪しいって言われるでしょ！」

そう答えましたが、今振り返るとめちゃくちゃエゴイスティックな発言だと思います。器ちっちぇえ!!

みんなに役に立つ情報を自分のエゴで伝えないなんて、と思いますが、恐怖に襲われた人間なんて、そんなもんです。

本当に怖かったです。その怖さは、初めての小説『臆病な僕でも勇者になれた七つの教え』を書いたときと同じでした。自分がスピリチュアルな人間であることが世間に知られてしまう、その怖さといったら！

だけど、私はミラの言葉に従いました。どんなに怖くても、不安でも、腑に落ちていなくても、ミラが言うことはやってみるということにコミットしていたから。

それまでに何度も、ミラの言う通りの選択をして、驚くような展開が数々あったことも背中を押してくれました。

その結果、ミラをフルトランスでチャネリングした動画が実現！　恥ずかしいけど、めちゃくちゃパワフル!!

みなさんから「いいね！」が連打され、募集していたＢＳＤアーティスト講座に一気に１３００人の応募がありました。この講座、応募者は３００人くらいかなって予想していたので、びっくり！

多くの人が、ミラの軽やかでパワフルな「音」のファンになったのですね。ミラの一番の影響力は、その「音」つまり周波数を受け手が浴びたとき。私が文章で書いてどのくらい伝わるのだろうと心配になります。

でも、ミラいわく、この本に触れる人は潜在意識で繋がっているので、ハートを開いて素直に受け取ってもらえたら、周波数《バイブレーション》の共振共鳴が起こるとのことです。

窮地を救われた私自身のエピソード

ミラには、今まで何度も個人的な危機や問題を解決してもらいました。でも、ミラクルが起こるのが普通になってしまい、一つひとつの出来事をあまり覚えていません(泣)。

覚えているエピソードをシェアします。

難航していたキャスティングが思わぬ形で解決

2022年9月27日。この日、ミュージカルのキャスティングが難航していました。

ヒロイン役がなかなか決まらず、プロデューサーと「何カ月かスケジュール調整の返事待ちをしている女優さんを断念しよう」という話になりました。公演が一年後に迫り、焦っていた私は、気分を落ち着かせるためにミラから教わった「トーラス瞑想」をしました。後でやり方をご紹介しますが、これは意識を「ミナモト」に戻し、現実創造する瞑想です。ミラは、困ったときほどこの瞑想をするようにと伝えてきていました。

終わった後、「エハラマサヒロさんに連絡して」という直感がやって来ました。エハラさんは、皆さんご存知の芸人さんです。私は「吉本坂46」で活動を一緒にさせていただき、一度短い芝居を演出させてもらったご縁でラインを存じあげていたのです。

「え、なぜ、エハラさん!?」

私は、ビビりました。なぜなら、エハラさんは同じ「吉本坂」のメンバーだったとはいえ、私にとって、めちゃくちゃ尊敬する方だったからです。

「お忙しいエハラさんにお願いなんて、ご迷惑だよ」と頭では思います。頭の思考はいつだって「損得勘定」の中にいて、直感でやってくることを阻もうとするのです。

直感は、このように勇気を伴う行動が必要なことが多く、その度にドキドキします。何度体験しても、怖さは変わらない。だけど、その勇気の一歩を踏み出した先にしか、次の扉が開かないことも体験で知っているので、バンジージャンプに挑む気持ちで飛び込みます。

もちろん、そうしたからといって、すべてが成功するわけではありません。目的通りにいかないことも多いです。ただ、私はそれで「エネルギーが動く」ことを知っています。チャレンジすることで「エネルギーを動かす」、それがとても大切なこと。

そして、どうなったか？　エハラさんの友人の女優、緑川静香さんを紹介してもらえたのです。

「歌がうまくて演技も良くて、ミュージカルやったらいいって前から思ってた人だから」

エハラさんの言葉通り、オーディションに来ていただいて緑川さんにお会いした瞬間、「やっと見つけた」と思ったのを覚えています。

コロナ禍が終わる時期を予言していたミラ

ミュージカルのキャスティングについて、アドバイスしてくれたこの2022年9月27日、ミラは、2023年にコロナ禍が終わることについても予言していました。

「喪が明ける」という表現でしたが、コロナ禍で軒並みお芝居が中止になっている最中のことでした。

「ミュージカルが上演できるんだろうか？」と不安がる私に、ミラは〝2023年は大丈夫〟だと教えてくれたのです。

「魂のデザイン」に従って人生を変えた人たち

ミラのメッセージは、とてもポジティブです。どんなことにも「いいね！　いいね！」と肯定的な反応しか返ってきません。その軽やかさ、ユニークさが、問題に入り込んで深刻になっている人の意識を瞬間的に変えてしまうのです。

ミラの言葉は、その言葉の持つパワーもありますが、最も影響があるのは、その周波数です。軽くて、愛があって、いつも**「遊び」**がある無邪気な子どもみたいなエネルギー。

それに触れると、みんな、ポーンと地球の制限の枠から飛び出して、宇宙意識に触れてしまうのです。だから、ミラとシーラのコンサルは頭で理解して解決するというより、意識が変容して、「あれ？　何が問題だっけ？」と思えるようになるのです。

ミラのメッセージに触れると、心や在り方が変化します。すると、当然、意識の写し絵《ホログラム》である現実も変化するのです。本当にたくさんの人たちが、自分の「魂のデザイン」を見つけて、独自の道を歩んでいます。

「魂のデザイン」に従ったケース❶

ミラのメッセージがその人の現実を変容させるのは、〝問題はダミーである〟と気づくからです。

例えば、夫の飲酒で相談に来た女性がいます。彼女は、ある中小企業の跡取り娘で、夫を社長にして、自分はその手伝いをしていました。しかし、夫の酒量が増えていき、仕事に支障をきたすようになったのです。

当時は、アルコール依存症の夫と共依存の関係にあり、会社も家庭もうまくいかず、死を考えるほど苦悩していました。ですが、それは彼女が本来やるべきことをやっていないから起きたことでした。彼女の「魂のデザイン」は、「女性経営者」。「でっかい器のリーダーシップで世界に貢献する」だったのです。

しかし、彼女は、「夫を立てないといけない」とその力を封じ込めていました。夫の問題は、彼女を魂の仕事に戻すために起きたのです。

ミラの助言を聞いて彼女が社長になった会社は、国の事業を任され、貢献するほどになりました。彼女自身も相談に来たときの弱々しい人間とは別人かと思うほど、イキイキと美しくなっています。

「魂のデザイン」に従ったケース❷

ミラの哲学「アホになろう」を実践して、60歳で初めての結婚をした女性もいます。北海道に住む彼女は、京都に住む相手と遠距離恋愛をしていましたが、住み慣れた北海道から京都に移る決心ができずにいました。60歳まで独身だったので、その不安もあったのでしょう。

頭で考えて「深刻」になると、宇宙のサポートからどんどん遠ざかってしまいます。ミラの「頭で考えるな！　直感で行け！」というメッセージが響き、先のことを心配するのをやめて、「エイッ」と勇気を出して京都に嫁いだそうです。

今、彼女は優しく魅力的な旦那さんと幸せに暮らし、先日は私のミュージカルを観に京都から二人で東京に来てくれました。彼女の魂のデザインは「共同創造」が得意。独身よりも、パートナーシップを組む方が力を発揮できるのです。

「魂のデザイン」に従ったケース❸

魂のデザインが「大富豪」なのに、大根を無料でもらうために駆けずり回るほどお金に困っている女性がいました。ミラに「貧乏ごっこをしているだけ」と見抜かれ、その後、お金の問題は解消したそうです。

このように間違ったセルフイメージを持っている状態を、ミラは「着ぐるみを着ている」と表現します。**「自分をどう思っているか？　どう扱っているか？」**が現実世界の現象に現れるだけなので、内側を変えれば、あっさりと問題は消えていきます。


他にもたくさんの人が「魂のデザイン」に従って生きることで、人生を変化させています。「魂のデザイン」については、以降の章でも解説していきます。

次の章からは、人生をぐるんと１８０度変えてしまう、ミラが教えてくれたことをシェアします。

第2章

覚えておけば明日が変わる
ミラ用語集

◆この章では、ミラの教えがガツンと身体に入る「ミラ用語」をご紹介します。解説は、ミラ自身がお届けします。

ソース・アホ・エンジョイ

ミラとシーラ、仲間たちの合言葉。**「ソースの磁場」で「アホ」になって「エンジョイ」！** これが**BSD流3種の神器。**

● ソースの磁場

宇宙の大いなるミナモト、神、宇宙意識、真我などと言われる意識場のこと。別の表現をするなら、創造主意識に戻れるエネルギーフィールド。創造主のいる位置であり、ゼロポイント。重い周波数《バイブレーション》の感情も還元することができる超重要アイテム。

「ソースの磁場」とハートに響かせるように呟いて、足元に広がる分厚い絨毯、または大地をイメージしてみて。そして、自分の脚がクリスタルの根になったイメージで、グググッとグラウンディングする（地中に根づいていく）と、意識がクリアになるのを実感するかも。

日常生活をこの上で過ごすのがオススメ！　この磁場の上では、イジメられても影響を受けなかったり、イジメる方も言葉が出なくなるなど、オドロキの効果が出ているんだよ！

アホ

頭で考えることをやめる、頭からっぽ。この状態のときに、高い周波数の宇宙のサポートが入り、直感を受け取りやすくなるよ。

地球的な古くて固い概念や思い込みを外し、軽くなるための秘訣。頭での理解を取り払う、つまり「アホ」が、創造主の立ち位置で生きる一番手っ取り早い最強の方法なんだ！

エンジョイ

「地球上のすべての体験を楽しもう！」というミラの掛け声。現実に入り込んで一喜一憂するもよし、創造主の立場で夢を叶える現実創造するもよし。すべての体験は、宝石のように光り輝く貴重なもの。

現実のスクリーン ～現実創造の仕組み

現実というのは、意識のエネルギーが照射されたホログラムだよ。映画のように、映写機から放たれたものが、現実というスクリーンに現れるんだ。

「引き寄せ」や「現実創造」など、最近は自分が創造主だと気づき、現実を意識的に変えようとする人が多くいるよね。でも、現実のスクリーンの中に入ってしまっては、変化を起こすことはできません！

現実のスクリーンに入り込むと、自分が創造主であることを忘れて現実に一喜一憂するパワーのない状態になってしまうから、理想の現実を創り出した

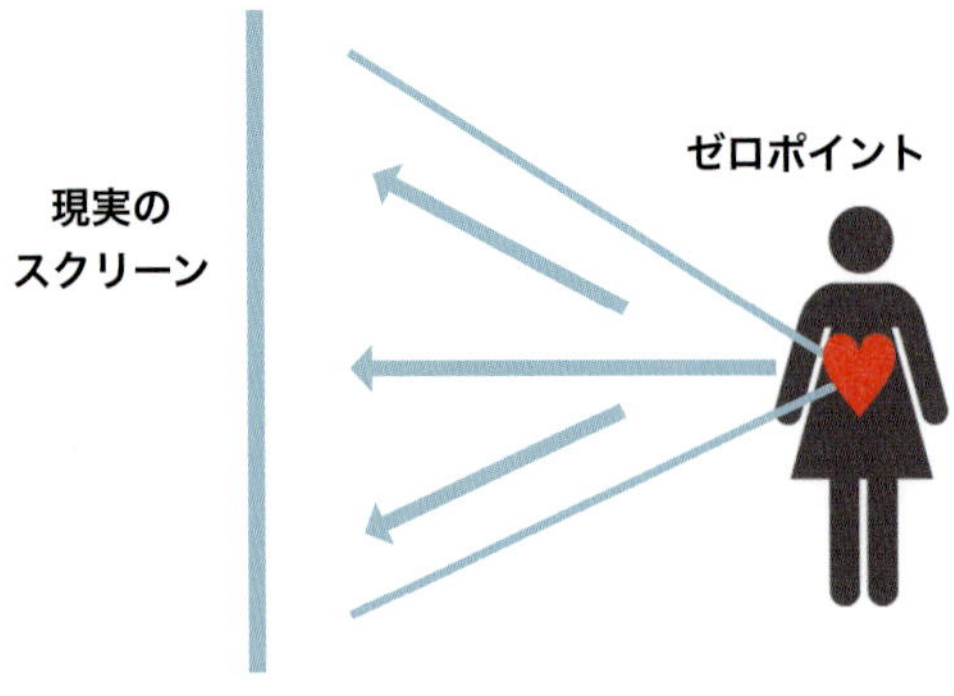

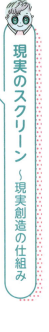

かったら、大元のフィルムを変えないと！

それにはスクリーンから離れ、現実を生み出す場所＝ゼロポイントに戻ること。そして、自分が発する周波数を、気持ちのいいものにすること！

現実創造の方法については、「トーラス瞑想」で詳しく説明するね。

元々はぷりっぷりっ

みなさんの「魂」は、元々はぷりっぷりっの完全体。とっても軽くて、そのままだと地球から浮いていってしまう。地球の周波数はとても重くて、軽い周波数だと、この地球に生存できなかったの。つまり、肉体を脱ぐ死が早々に訪れていたんだね。

それを防ぐために、ぷりっぷりっの魂に、分離の線をつけて周波数を下げたんだ。そのために使うのが、「罪悪感」と「無価値感」。この二つが、感情の中で最も重い周波数だから。

でも、今、地球は次元上昇し、ぷりっぷりっの魂で、肉体の中に存在できるようになったよ。新しくやってきた「風の時代」は、**目覚めた意識で肉体を持ち三次元を楽**

しめる、地球史上、人類史上、初めてのとき!!

この地球は、**意識を映し出して遊ぶエンターテインメントランド。**周波数を重くしてドロドロの人間ド根性物語をやるもよし、無限の豊かさの宇宙的エネルギーで現実創造するもよし。

どっちが秀でてて、どっちが劣っているもない。ただ、元々の欠けていない意識で、この物理次元を楽しみたかったら、無邪気で無限のエネルギーに戻ろう。

そのために重い甲羅のようなエネルギーを脱ぐには、思いっきりアホな遊びをするのがオススメ。

宇宙の存在たちは、あなたたちが遊んでいるのを見るのが大好き。あなたたち人類の周波数が軽く高いものになっていくと、ボクたち宇宙存在とのリアルなコンタクトも間近になっていくよ。

地球の周波数がどんどん高くなっていっているから、〝意識のビッグバン〟も起きやすくなっているんだね。

意識のレイヤー三段階

意識にはレイヤーがあると仮定することで、自分の意識がどこにあるかを明確にして、変容のための参考にすることができるよ。

意識を大きく三段階に分けて説明してみるね！

その1　自我が優位な状態

- 頭が忙しく、思考に乗っ取られている。
- 意識が外向きなので現実に入り込み、物事の原因を他人や環境のせいにしている。
- 地球人の多くが、この意識状態にある。

その2　創造主の視点

- 自我はあるが、自分が現実創造していることに気づいている状態。
- 願いを抽出し、好きなように現実創造できる。
- パワーを感じ、自己肯定感も高い。

その3　真我（超意識）の状態

- 「私」がいない。いわゆる「覚醒」した状態。
- 宇宙の流れに委ねていて、すべての問題から解放される。
- 〝現実は現象、幻に過ぎない〟ということに気づいているので、起きた現実に一喜一憂がない。
- 個の望みよりも、集合意識のために行動することになることが多い。

この三つの意識状態は、顕在意識、潜在意識、神意識（宇宙意識）ともリンクしているよ。

これらの段階を行ったり来たりしている**「まだら覚醒」**の人も多く、どの段階にいるかによって感性まで変化するので、まるで自分が二重人格になったように感じる人もいる。自分がどの意識で在りたいかを明確にすることは、とっても大切！

これからは、自我から創造主意識へ、創造主意識から真我に移ろうとする人が増えてくるよ。

悟りと言われる真我になるのは難しいという考えがあるけど、ボクたちから見たらそれも幻想。なぜなら、あなたたちは元々は真我であり、ソレに戻る方が自然なことだから。

でも、「難しい」という概念を集合意識で持っている。真我に戻ることに難しさを感じる人は、ソースの磁場を使ってね。

そして、そのうえで、ハイヤーセルフと繋がってください。ハイヤーセルフとは、高次に存在している自分自身。片時も離れたことがなく、意図するだけで繋がりを感じられるよ。

ハイヤーセルフと繋がった状態は、真我への入り口なのです。

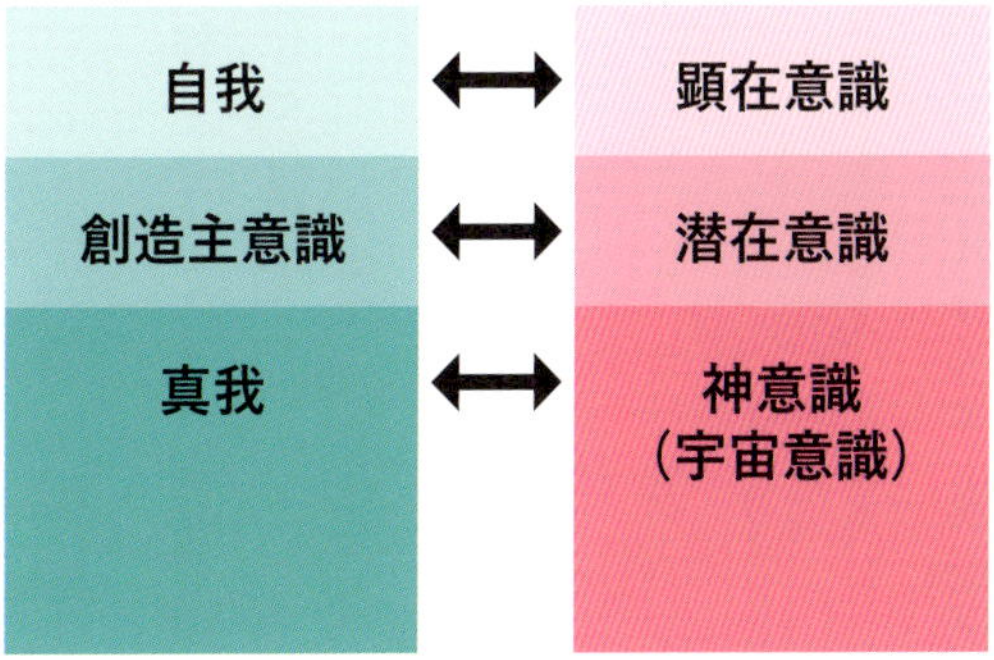

意識のベクトル「内向きと外向き」

意識の使い方に「内向き」「外向き」があります。真我にはこれはありません。自分というものがないので、内も外もないんだね。

一方、自我があるステージにおいては、この意識のベクトルは非常に大切。「内向き」というのは、自分の内側に意識が向いている状態。内なる静けさを感じていて、外側の影響を受けない。人の評価や賞賛よりも、自分の感覚に集中している。自分の好きなことに夢中なときもそうだけど、外側のことが気にならない。そしてインスピレーション、直感を受け取る。

優れたアーティスト、クリエイターはこの意識状態で創作をしているよ。宇宙意識のエネルギーが入った作品となるため、多くの人を感動させるんだね。

一方の**「外向き」**は、外側を非常に気にしている状態。人目や評価が気になるので、外向きになるとも言える。

この状態で出す音（周波数）は、エネルギーがゴチャッとしている。ほとんどの人の意識状態が、この外向きと言っても過言ではないんだよ。

地球上の政治、教育、医療、建築などすべてのシステムが外向き意識で作られていて、外向きの音であふれている。外向きの音を聞き続け、それが普通になると、内側と繋がるのが難しくなってしまうんだ。

この意識のベクトルの仕組みは、シーラが脚本家としてビッグチャンスが来たときに、いい脚本が書けなくなったことから、その理由を探って辿り着いたモノです。誰かの評価を得ようと外向き意識になると、アイデアは枯れてしまうんだよ。


今、マインドフルネスや瞑想、ヨガなどが注目を集めているのは、この外向き意識を内側に向けることができるから。

しかし、気をつけないといけないのは、内向き意識を特別な状態だけで使っていると、精神的に非常にキツくなるという

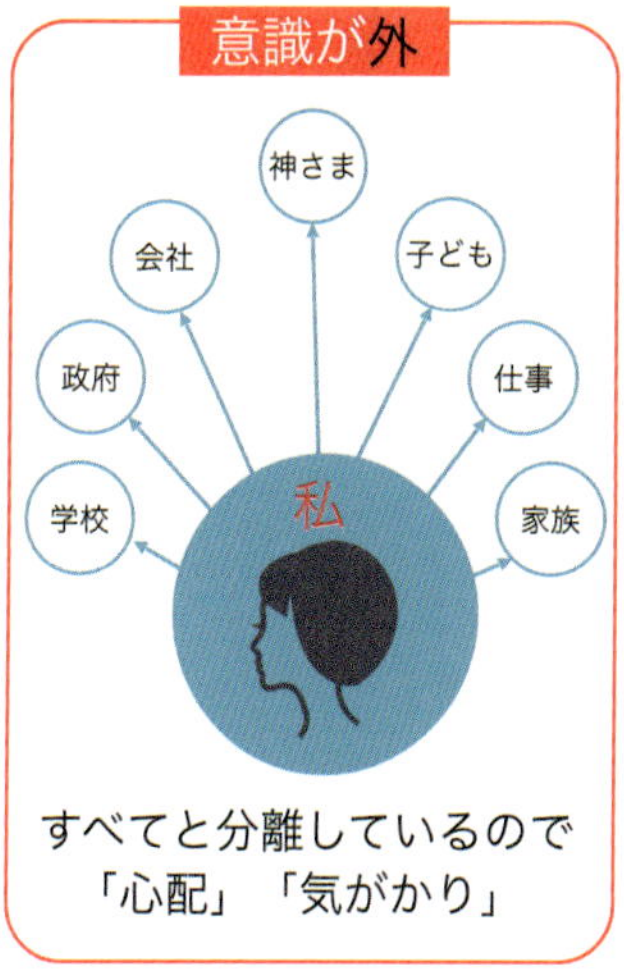

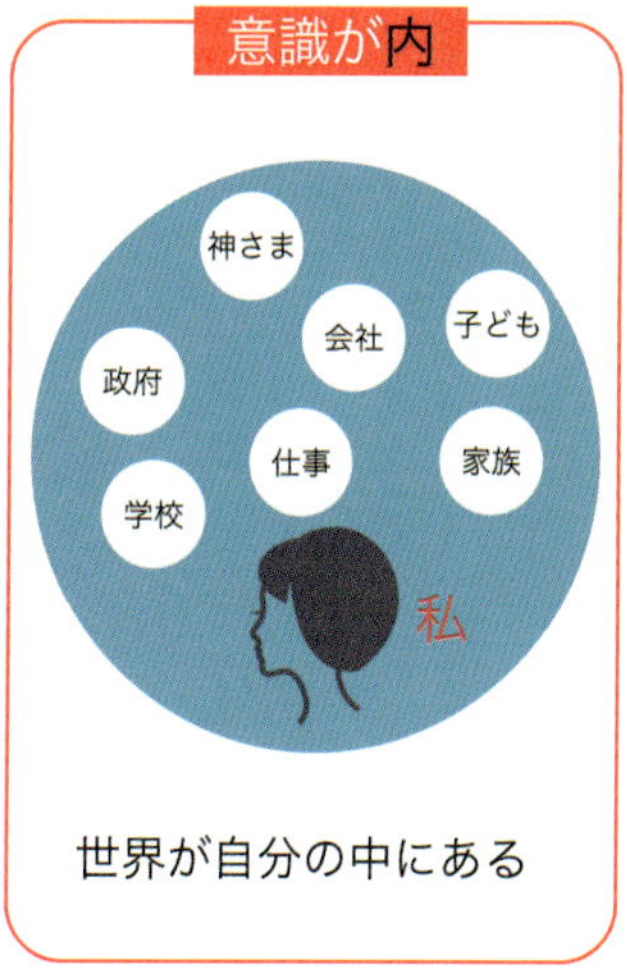

こと。優れた小説家や画家、音楽家、アーティストに自殺が多いのは、創作のときに繋がる内向き意識と、それ以外の日常での外向き意識とのギャップが大きくなっていくから。

内向き意識で生活することが普通になってくると、創作や瞑想などをしているときとの差がなくなり、楽になってくるよ。内側意識でいるために、「トーラス瞑想」は非常に簡単で効果的だよ。

次の章で紹介するので、ぜひ使ってみてチョンマゲ。

（シーラはこの「チョンマゲ」と書くのを非常に躊躇しました……笑。ですが、ミラはいつもこんな調子です。苦笑）

ミルクレープ

自分が何者であるかを忘れて、罪悪感、無価値感、恐れ、悲しみ、自己憐憫、時々喜びといったように、感情の層を積み上げていくこと。その層は「ミルクレープ」のように何層にもなっているんだよ。

自分が創造主であるという〝目覚め〟の視点ではなく、〝眠った状態〟から、喜怒哀楽の感情の層をミルクレープのように重ねつつ、ドラマティックな現実を創り出すことを**「ミルクレープ作り」**と呼びます。

ミルクレープ作りは楽しい遊び。地球のエクスタシー。

この地球は、感情を味わうことができる唯一の惑星。ボクたちのような高次の存在からしたら、地球人が味わっている「切ない」「寂しい」「自分はだめ」「私が悪い」などの感情は、憧れでしかない。

「あんなふうに感情を飴玉のようにナメナメしたい！」、そう思って、感情で苦しんでいるみなさんを「いいね！　いいね！」と羨ましげに眺めているんだよｗ

でも、理想の現実を創造していきたいのであれば、ミルクレープ作りをやめる必要があります。

作ってきたミルクレープを披露するのを**「ミルクレープ劇場」**と言います。この視座には、どんな不幸な生い立ちも悲惨な出来事も、ぜ～んぶ自分が作ってきたと腑に落とす効果があるよ。

「悲劇のヒロインを感情たっぷりにやっていた！」と気づくと、みんな大爆笑。「自分の人生がコントだった！」と気づくんだ。そう気づいたとき、軽やかさが戻ってくる。この軽やかさ、笑いこそ、ボクたちが贈る最高のギフトです。

「ミルクレープ」の披露の仕方

例1 「若い頃はずっとミルクレープを焼いていた」

↓さまざまな感情の層を作り、現実に入り込み続けていたということ。

例2 「私なんかミルクレープ職人だったよ」

↓次々とミルクレープを作り、ドラマティックな現実に陶酔している状態だったということ。

例3 「つい延々とミルクレープを披露してしまった」

↓これまでの出来事を不幸自慢すること。同じミルクレープ披露でも、目覚めの視点から軽い周波数で語ることもできる。

魂のデザイン

この地球で生まれるときに、持ってきた「魂の質」。それは、その人にしかない宇宙にたった一つの輝き。この生を受けた「目的」だったり、固有の「魅力」などの情報を含んでいます。

でも、多くの人がこの「魂のデザイン」を忘れている。人との比較や、こうあるべきという常識、観念などが、「魂のデザイン」を忘れさせるんだ。

「魂のデザイン」に気づいたら、独自の表現をして輝いていける。人生がアートそのものになる。

「魂のデザイン」を知り、「魂の道」を歩くとき、宇宙の流れと連動し、多くのサポートを受け取れるよ。これは、大いなる存在から授けられたパワー、フォースとも言える。

現実は青虫

現実は、過去の自分の周波数《バイブレーション》が映し出したもの。現実的に何かが起きて感情を感じる人は多いけれど、それはただの「引き金」。いつだって、現実は中立。

中立に思えず、感情をくっつけてしまう人のために、ボクたちが提案する**「現実の見方」**を教えるよ。

＊

あの出来事、あの人を青虫だと思ってごらん。笑えるでしょ？

＊

青虫と感情が関係ないように、**「現実（出来事）」と「感情」は、関係がない。**

今この瞬間の周波数が、未来の現実を創るんだよ。

現実とくっつけた感情の周波数を出し続けると、その現実がいつまでも創り出される。もしも現実を変えたかったら、現実を変えようとするのではなく、自分が出す「周波数」を整えること！

感情も気分も、ただの周波数。嫌な気持ちの周波数を出すのではなく、今、この瞬間、気持ちのいい周波

数を選択しよう。

「現実」と「感情」を分けて捉えることが、現実創造の秘訣だよ。

ふりかけ

現実に感情をくっつける（ふりかける）行為のこと。

本来、現実は中立なもの（「現実は青虫」参照）。そこに「不安のふりかけ」や「恐怖のふりかけ」「無価値感のふりかけ」など、現実を目の前にして湧いた感情をくっつけると、その現実がリアリティを持ち始める。

ふりかけを使うと、現実のスクリーンの中に入り込み、自分が何者であるかを忘れるほどパワーを持つ。人間ドラマを演じたい人には、お勧めツール。

反対に、目を覚ましたい人は、ただ「ふりかけ」をかけただけと気づけると、現実と感情を分けて捉えることができる。

どちらを選ぶかは、あなた次第。今、この地球は、ドラマをたっぷり楽しむもよし、目覚めた意識で現実創造を遊ぶこともよし、両方を選べる贅沢な磁場になっているよ。

サングラス

感情のフィルターを通して現実を見ること。「ふりかけ」に似ている。

本来中立な現実を、「不安のサングラス」や「恐怖のサングラス」をかけて見ることで、あらゆる現実が不安や恐怖に感じてしまう。

サングラスをかけることも自分が選んでいるにもかかわらず、かけていることを忘れてしまう。

死にかけ組

ここは、シーラが解説します。主に48歳以上の、さまざまな経験を積んできた年代を指します。最初、この言葉をミラが吐いたとき、みんな傷つくかと思いきや大喜び。ミラが言うには、「半分死にかけている。宇宙に戻りかけていて、ソース（ミナモト）に繋がりやすくなっている」らしい……。ほんまかいな（笑）。

年齢を重ねる間に、「感情を味わう」地球の遊びを堪能し尽くして、もう卒業してもいいと思う魂が多いです。特にこの世代は、まだまだ古い観念や概念が強い中で目覚めようとしてきた、勇気あるチャレンジャーな人々。

今、宇宙から来た新しい魂がたくさん転生しています。「死にかけ組」は、その豊富な体験で、それら若い人たちをサポートする魂の約束をしている人も多いです。48歳以上の「死にかけ組」のみなさん、自信を持っていきましょう！

〈死にかけ組〉
48歳以上に使われることが多い。半分あっちに繋がっているので、枠の外に出やすい。先を見せてくれるパイセン。

アホ顔ヤッホイ

深刻さに入り込んでいるときに、アホを簡単に取り戻す方法。アホ顔を作って「ヤッホイ！」と言うことで、周波数が一気に軽くなる。

自分が発する周波数で未来が形作られるので、一気に周波数を変えるこの方法は、現実創造の必殺技。

直感チャレンジ

ふと来た直感やひらめきに従って行動すること。これは、大いなる存在からの導き。その内容が、地球上の常識やルールから外れていたり、今までの自分なら絶対にしないものだったりするから、「チャレンジ」となることが多いよ。

成功か失敗かの結果は関係なく、行動自体が概念や思い込みを外すことに繋がるので、まずは行動することが大事。「直感チャレンジ」をすることで、次の直感がやってくるからね。

これをやっていくことで、直感のパイプが開き、高い次元の「私」や、ミナモトとの繋がりが深くなる。最初は、直感の声なのかエゴの声なのかわからないことも多いが、トライ&エラーを繰り返してみると、徐々に区別がつくようになるよ。

実行するときに「枠の外に出る」(今までの限界を越える)必要があり、葛藤を伴うことも多いから、がんばって!

枠の外に出る

理想の現実創造をするために必要なこと。「枠」とは、常識やルール、概念のこと。

多くの人は、この中にいることが普通でいいことだと信じ込んでいるよ。でも、人は本来自由な存在で、ここから出たとたんインスピレーションに繋がり、現実創造が早くなる。枠の中は比較競争があり、制限や分離感を伴うが、コンフォートゾーン（慣れた場）でもあるんだね。

「直感チャレンジ」とは、この枠の外に出ること。枠の外に出る際は、不安や恐れ、無価値感や罪悪感を生じることが多い。

それらの感情は、高速道路でスピードを出し過ぎたときに鳴る警告音のようなもの。何度か体験すると、「このまま進め」のサインだと捉えられるようになるよ。

いいことがあったら悪いことが起こるという**振り子の法則**は、二極の地球では作用

するけど、枠の外の宇宙意識では影響されることはないよ。

着ぐるみ

間違ったセルフイメージをまとって生きていること。例えば、とても能力が高いのに、「できない」と思い込んでいたら、自分にふさわしくない現実を創造し続けることになるよ。

着ぐるみを脱いでこそ、本来の才能が発揮できる。輝きも出るので、本来のパートナーや魂の仲間に見つけてもらいやすくなるから、いいね！　いいね！

現実は教科書

目の前の現実は、自分がどんな概念や思い込みを持っているかを教えてくれる「意識の教科書」のようなもの。

居心地が悪い現実を創り出していたら、そこにどんな「信念」「思い込み」を持っているのか見てみよう。その「思い込み」を変換させたら、映し出す現実は変化するよ。現実はただの意識の〝影〟だから、現在地を知るためには必要だけど、執着しないこと！

ネオンサイン

思い込みや概念を書き換えるパワフルな方法。思い込みや概念が、ネオンサインのように点灯しているのをイメージする。そのネオンサインのスイッチを、パチンとオフにしてみよう。

あら不思議！　強い思い込みや概念があっさり消える。

例えば、「私は愛されない」「私は無能」などのネオンサインが灯っている場合は、それを消した後、代わりに「私は愛されている」「私は有能」といったネオンサインをオンにすると、思い込みや概念の書き換えができるよ。

簡単な方法なので、潜在意識に簡単に届く。しかし、頭で理解しようとしたとたん、この方法は使えなくなるので、アホになってゲーム感覚でやってみよう！

慈悲ある浮かれポンチ

「本当の私」に繋がってくると、現実創造が楽しくなる。

現実は意識の写し絵《ホログラム》だという感覚が強くなるので、起こってくることへの信頼が増し、たとえネガティブな出来事を起こしたとしても、結局、良きところに着地するとわかっているんだね。

そんなとき、現実に飲み込まれ、一喜一憂する人をまるで〝遅れている人〟のように扱かったり、うんざりした態度で接する人がいる。相手を「力のない人」として捉え、過剰に心配したり、変えようとすることがある。

または、苦労している人の前で、喜びを味わうことがいけないように感じる人もいる。

でも、それこそが「眠りが深い」状態。目の前の人の意識レベルが低く見えたとしても、ただのプロセス。そして、そんな人があなたの世界に現れたということは、あなたの同じ部分を修了するラッキーチャンスだよ。

「自分の方が進んでいる」と特別感を持ったり、相手の周波数に自分を落として、一緒に目の前の現実に入り込んだりする。

やってないいって？　やってない人を見たことがないよ(笑)。あなたたち地球人は「比較」の遊びをする星人気質があるから。

高い周波数のまま、つまり「浮かれポンチ」のまま、相手の心に寄り添う。それが**「慈悲」**。そんな「慈悲ある浮かれポンチ」であるとき、目の前の人を変えようとしなくても、勝手に相手の周波数が上がって、あっさり問題が解決するよ。

それが、簡単サポート。あなたがあなたでいるだけで、影響を与えるのです。ブラボー！

音を出す、音を響かせる

自分の思いや考えを表現すること。インプットしたら、アウトプットするのが大事。

あなたの「音」、つまり「表現」は宇宙に一つしかない独自のもの。あなただけの魅力！　あなたの周波数を、この世界に響かせて！

創作活動や芸術活動、ＳＮＳ投稿もいいけど、ハートから語る言葉、身体の奥から湧き出る想い、それを日常生活で語る「音」にすることで、あなたの姿が「**この世界に現れる**」。

これが起きたとき、あなたの光があふれ出す！　そのとき、世界があなたを見つけることができる。

たった一人で歩いていると思っていたあなたは、決して一人ではなかったことを知るでしょう。

いいね！　いいね！

ミラの口癖。すべての出来事、すべての考え、すべての感情をオールオッケーにする魔法の言葉。

ミラは、どんなときも両手の親指を立てて「いいね！　いいね！」と称賛する。喜ばしいときはもちろん、落ち込んでいる人を励ますときも「いいね！　いいね！」

その音はとてもポジティブで軽く、ミラがこのポーズをするたびにシーラは吹き出してしまう。

誰かを羨ましく思ったり、嫉妬の感情が湧いたときも、「いいね！　いいね！」を使うチャンス！　一緒に喜ぶと、その周波数が自分のものになり、自分にもそんな素敵な現実が起こってくる。

ネガティブなことが起こっても、この「いいね！　いいね！」を使ってみると、自分がその出来事を創造した場所に立てるので、パワーが戻ってくるよ。

◯◯が余っている

豊かさを現実創造をするときに使う、意識の使い方。

「◯◯が余っている」という意識でいると、その現実が創り出される。◯◯には、お金、時間、才能、信頼、人気、愛、イケメンなど、欲しいものに置き換えてみよう。

「◯◯が余っている」という意識は、自分の中に余裕＝隙間を生み、その隙間に新しいエネルギー、つまり◯◯が入ってくる。

秘訣は、どんなときも「ない」にフォーカスしないこと！　現実がどうであれ、信じてみよう。

「お金余ってる！」

「時間余ってる！」

「イケメン余ってる！」

言うだけで楽しくない？　この楽しさが大事なの！

（ミラはいつだって、こういう遊び感覚で人間の頭の中を変えてくれます。byシーラ）

指を鳴らすようにパッと気分（周波数《バイブレーション》）を簡単に変える方法。
創造主の位置に立ち、現実を中立に見た状態で「チェンジ！」と5～10回口に出してみよう！　スマホの画面をスワイプする、あるいはフィルムを早送りするイメージで。
現実創造は時差があるので、目の前の現実がすぐに変わらないとしても、粒子レベルで変わり始めるよ。どんな思い込みがその現実を創り出したのかを分析する必要はなく、ただ口にするだけで潜在意識に「その思い込みはもう終了」と合図を送ることになり、自分から外れていく。

創造主であることを忘れて、目の前の現実にどっぷりと浸かった状態は、深刻さの中に入っている。そんな状態で「チェンジ！」しても、効かないよ。「どうにかして現実を変えたい」という強い執着がある状態も難しい。

現実に入り込むことなく中立に見える、つまり創造主の位置に立って初めて、使うことができるのです。

〈チェンジ！〉
嫌な気持ちになったときに５〜10回くらい言うと、気持ちが切り替わり、中立な立ち位置から現実を創造できる。

イケメンと美女を派遣

お金には、多くの人がネガティブな重い周波数《バイブレーション》をくっつけている。

お金を使うことにも、得ることにも「罪悪感」をくっつけている人は多いよ。その意識のままでは、お金は循環しません。

お金を「イケメン」や「美女」だと思ったらどうだろう？　これは、一気にお金に対する感覚を変える方法。

支払うときに「イケメンと美女を派遣し、人に愛と喜びをばらまく」、もらうときには「イケメン来た！」「美女、ようこそ！」という感覚でお金を回してみよう。お金の周波数が、「豊か」で「楽しい」ものになるよね。

お金を払うときに「高い」「またお金がなくなる」という思いでいると、お金に重い周波数が乗り、お金が減り続けるといった現実が創られます。すべてエネルギーだから、あなたがどんなバイブレーションのエネルギーを出しているかだけなんだよ。

「イケメン、美女を派遣する」

その感覚になることで、執着を手放せて、お金が循環していくようになるよ！

感情ドスコイ

ネガティブな出来事が起こるのを避けたいのは、嫌な気持ちになるからだよね？
感情が湧き上がったときに、それを避けようとするから余計に辛いし、長引く。

感情もエネルギーだから、嫌がらなければ消えていくよ。どんな感情も「よし、受け止めるぞ！」と、正面から向き合えば、大体、大したことにはならない。

「恐怖」も「悲しみ」もイメージの中での方が、なぜか大きく膨れ上がって感じるものなのです。

〈感情ドスコイ〉
ネガティブな感情も避けずに受け止めたら、あっさり終わる。

飴玉なめなめ

嫌なことが起こったとき、周波数を落として、感情を飴玉のようになめ続けること。
自覚はなくても、実はみんな好きでよくやっているよ。

幸せになるよりも、嫌な感情をなめている方が安心・安全に感じている。そのことに気づいたら、そのまま続けるか、その先の次元に行くかを選択してね。

自分が**「選ぶ」**ことで、どちらを選んでも、パワーが戻ってきます。この**「選択」**をたくさんしている人は、「肚の気」を撒き散らすので人が集まってくるよ。

覚悟する、ハラを決める。それは、成功の最初の鍵。「飴玉なめなめ」をやめたいと思うなら、やめるとハラを決めてみてください。別次元に行けるよ。

〈飴玉なめなめ〉
嫌な感情をなめ続けていることに気づいたら、それを「やめる!」と決意すると、別の次元に行ける。

比較のスイッチ

自動的に入るスイッチ。このスイッチがオンになると、人との比較が瞬時に始まる。

今まで横並びで隣にいた人が急に輝き出したときや、自分がやりたいことをやっている人が現れたときに、特に入る。

「あの人に比べて自分はダメ」などという、自分をアタックする自我《エゴ》の声とセットになっているシステム。これは、周波数を落とす効果があるので、周波数を上げてはいけないかつての地球では必要だった。

このスイッチが身体のどこかにあると想定し、自我《エゴ》の声が聞こえたときに、オフにするイメージをしてみよう。

比較しなくなるだけで、やりたいことを見つけることができるよ！　勝ち負け意識から、偽りの夢や願いをホンモノだと勘違いしていることも多いから。

幸せのアッパーリミット

自分が許している幸せの上限。この上限を越えようとすると、まるで高速道路を走る車の速度オーバーのときのサイレンのように「恐怖」が湧き起こる。コンフォートゾーンを抜けるときのサインでもあるよ。

この恐怖がないと、周波数がものすごい勢いで上がっていく。一気に周波数が上がると身体の中にいられなくなるので、ゆっくり周波数を上げていくための歯止めとも言える。

しかし、今の地球は新しい時代に入り、周波数が上がってきているので、自分の周波数を上げて「幸せのアッパーリミット」を越えても大丈夫。恐怖を周波数と捉えて、広々とした宇宙意識へと飛び出そう。

漬物石

「深刻さ」の中に入っていることを、ボクは「頭に漬物石を載せている」と言っている。深刻であるとき、大体頭の中がぐるぐるした思考でいっぱいだから、この次元でいくら考えても問題解決はできない。

ぐるぐるストップ！　頭の中をカラにしてアホになろう！

〈漬物石〉
問題を解決しようとして深刻になって考えすぎると、周波数が重くなり、解決できない。

ボクたちの軽いバイブレーションに触れたとたん、みなさん、自分の深刻さが客観的に見えてきて笑い出すよ。軽さって、宇宙からの最高のサポートなんだ！

パイプクリーン

「ミナモト」「ソース」「宇宙」は、常に「在る」もの。繋がる必要もない。

でも、自我が強い状態だと、自らがミナモトそのものだと感じられなくなってしまうんだ（ミナモトで在るとき、自らという自覚もないんだけどね）。

そこで、ミナモトと繋がるパイプを綺麗にしておく必要がある。このパイプを通して、直感がやってくるから。

パイプを詰まらせているのが、押しやった感情。感情を感じるのが嫌で、なかったことにしていない？

「ポジティブシンキング」という言葉があるけど、ネガティブな感情を押しやって肯定的な考え方をしても、ポジティブなコーティングをしているだけで、潜在意識は変わらない。繰り返し同じような現実を創り出している人は、立ち止まって感じてみて。

封印された感情の周波数で、同じ現実を創り続けているよ。

いい気分でいる。ネガティブな思い込みは手放した。なのに、現実が変わらないのは、感情を押しやっているからかも。

感情を統合するために「感じ切る方法」は、感情を周波数と捉えずに〝感じる癖〟をつけてしまうので、通常はお勧めしないけど、ワークとして意識的に行うのは別。**どんなことも、気づきを持ってやるのが大事。**すると、そのことの効果が倍増するどころか、意味さえ変わるくらいの力を持つよ。

感情を扱うのに、感情を色と形で統合するメソッドもオススメ。この「超感覚メソッドONE」を、YouTube「旺季志ずかの宇宙は舞台」で公開しているので、観てね。

感情がパイプに溜まっているのは、便秘をしているようなもの。とっとと解放して綺麗にしよう。

ピカチュー

現実創造する際に、強いバイブレーションを出す方法（※現実創造のメソッドは、後ほど「トーラス瞑想」で詳しく説明するね）。

望みを明らかにして、それが叶ったときの「気持ち」「感覚」を感じ、その感覚を「ピカチュー」する。それは、体から強い光を放射するイメージ。

日本では「引き寄せの法則」が有名だけど、実は「引き寄せ」ではなく「引き合う」ことで現実は立ち現れてくるんだよ。

同じ周波数のものが引き合う。これが宇宙の法則。豊かになりたかったら、「豊か」な周波数を先取りしてピカチューする。有名になりたかったら、「有名」な周波数をまとってピカチューする。

シーラは昔、主婦だったとき、憧れの人がいたんだ。その人は有名な作家の妻で、スタイリストとしても活躍し、六本木の豪華なマンションに住んでいた。初対面の日、気後れしたんだよね。

そのとき、決めた。「この人と同じように才能を発揮する」と。そして、シーラがやったのは、その人と一緒に遊ぶことだった。その人と過ごすことでエネルギーの共振共鳴が起きることを知っていたから。

望みや夢を叶えたいなら、すでに叶えている人と会うこと！　シーラは数々の成功体験からそれを勧めている。

言葉はごまかしがきくけど、エネルギーはごまかしがきかないよ。そうなりたかったら、まずエネルギーレベルの一致を企むこと。

ぷりん

ミラ流「不倫」の表現。不倫で悩んでいる人の相談を受けたときに、不倫の深刻さから抜け出るために、「不倫」を「ぷりん」と言うことを提案。

「3年前からぷりんをしてて……ぷりんはいけないってわかってるんですけど……」、そう言いながら相談者が爆笑。

この効果は、深刻だと思っている現実から遠ざかれるんだね。現実のスクリーンの中に入ってると、悩みが深くなって「頭ぐるぐる」が続く。不倫に限らず、問題の中にいる人は、まず、その深刻さから抜け出してみよう。自分がやっていることがコントに見えたら大成功！　気持ちを楽にすることが最優先。

主人公意識

自分が人生の主人公であるという意識。目の前の現実を創っているのは自分であると自覚しているので、非常にパワフルな状態。

何かを学んだり受講する生徒の立場になったときに、講師や講座の内容を自分より上に置いてしまうことがある。そのとき無意識に自分が脇役になってしまっている。だが、それをやると、外側にパワーを与えてしまい、自分の感覚に繋がれなくなる。**たとえ受講者の立場であっても、〝その講師や講座を創り出したのは自分である〟**という気づきを持っていること。

外側のものは、すべて意識の現象にすぎない。例えば、ボクというミラさえ、シーラの意識の現象。目覚めた意識で生きたいと望むなら、外側に与えたパワーを取り戻し、「人生の主役は自分」「人生を決めるのは自分」という意識で生きよう。

一方、自分が消えた真我の次元では、あらゆるものが「ただ起こり続けているだけ」という見え方になる。今後は、創造主意識の次の段階、主役の自分さえも消えた「ONE」の次元が起こってくるでしょう。

「あなたは私」「私はあなた」という分離のない次元。そのような意識で生きる人が多くなったら、世界は大きく変化します。これが人類の変革。ミラとシーラはこの時代を体験するために、やって来ています。

第3章

自分を変えるって意外にカンタン！ミラの格言メッセージ

どうして そんなに みんなと
比べるの？
あなたの丸いお腹が あなた
なのに
by ミラ

◆この章では、ミラが教えてくれたことを【生き方】【仕事】【お金】【人間関係】【自己実現】にカテゴリー分けしてお伝えします。

生き方

STATE（状態）を整える

悟りの前の日常生活を送るうえで、最も大切なのがSTATE（状態）。
悟りの前が一番楽しいのは、もうすぐ悟りが訪れるほど周波数が高い状態だから。
そして理想の現実創造をするのにも、このSTATEは最重要なもの。
あなたたちの状態は常に、「愛」か「恐れ」、この2つのうちのどちらかにいる。
「愛」の状態はストレスがない。「恐れ」の状態は苦しみの中にいる。
え、苦しみの中になんかいないって？

本当にそうかな？


ボクたちがあなたたちをウォッチしていて、
苦しみではない状態にいるのを見るのは、ごく稀だよ。

そのくらいあなたたちは、常に苦しみの中にいて、
それが常態化しているので、そのことに気づいてもいない。

苦しみというのは、何も大きな問題、例えば貧困とか病気、失恋とかばかりではないよ。

「あの人何考えてるのかな？」「遅刻しそう」「忘れ物した！」

「好きな人に会うの緊張する」とか、ささやかなことも苦しみの状態だよ。

まずは、それに気づかないと！

自分が苦しみの中にいることに気づいたら、ソースの磁場に戻ろう。
そして、イマココで深呼吸。
苦しみの周波数を色と形でイメージして超感覚メソッドをする、
または、松果体のあたりに炎をイメージして燃やしてしまうのもナイス！
1日のうち、何度も自分のSTATEをチェックしよう。

愛、喜びから行った選択・行動は、愛、喜びとして返ってくる。
恐れ、苦しみから行った選択・行動は、恐れ、苦しみの現実を引き起こす。
これはとっても大事だから、意識の中にしっかりと入れておこう。

スポットライトを自分に

日常生活で、あなたの意識のフォーカスはどこに向いている？
今、感じてみて。
この瞬間、どこに向いてた？
会社の人、家族、恋人、仕事、今日の晩ご飯（笑）？
たぶん、自分以外の何かに向いてたよね？
今ここにはいない人、今ここでは起こっていないことに注意がいってたよね？
その意識の矢印を、グググッと自分に向けてみて。
そうしたら、今のこの瞬間、イマココに意識が戻る。
これが、すべての問題から解放されるための「第一歩」。

誰かに注目して欲しくて、承認欲求バリバリで、他人にばかり目がいったり、
現実を変えようとして、あくせく走り回ったりしていない？
あなたが本当に欲しいものに気づいたら、そんなに忙しく動く必要はないんだよ。
これは肉体的な動きのことだけを言ってるわけじゃない。
頭が忙しい人は、ぐるぐるぐるぐる思考がいっぱい。
それだと、本当の自分「真我」とは繋がれない。
あなたの**「意識のスポットライト」を外に向けないで**自分に当ててみよう。
意識のフォーカスがぜ〜んぶ自分に向かったら、眩しさに驚くよ。
どれほどパワーを持っているのかに気づいたら、
「なんだ、簡単だったじゃん！」って目から鱗が落ちると思う。
あなたが意識を外に向けて、
一生懸命、外の人にスポットライトを当てているから、
自分に力がないように感じているだけ。
シンプルな当たり前のことだよ！
スポットライトは自分に。主人公はあなただよ！

簡単さを許す

「真理」はいつも簡単！
ミラの教えや瞑想など、「BSDメソッド」はめちゃくちゃ簡単！
その簡単さがキーだけど、だからこそ使えない人がいる。
問題を抱えている人って、「深刻」で、考え方も「複雑」じゃない？
ミラに触れると、多くの人が、「あれ、なんで、あんなに悩んでたんだろ？」と、
狐につままれたような顔になる。
それはボクに**「深刻さ」**と**「複雑さ」**という周波数がないから。
ボクたちと共振共鳴することで、
無意識に簡単さの周波数になっちゃうからなんだ。
ミラの「アホになれ」は、深刻さを取り払うため。
夢の現実創造も、**簡単だと信じられたときにあっさり起こる。**
「現実はそう簡単には変わらない、現実を変えるにはとてつもない努力が必要」
そう思ってない？　それって、地球の重い周波数の影響を受けた思い込み。

宇宙はとてつもなく軽いよ。軽いは、簡単ということ。
「現実のスクリーン」でも説明したけど、
現実は、自分の周波数が映し出したホログラム。
現実を変えるのは難しいと思ってるかもしれないけど、
自分の周波数を変えるのは簡単だよね？
創り変えたい現実があるときは、今の自分の周波数を変えるだけ！
そうするには、今の気分を変えるだけ！
簡単さを許すこと、これがあなたを、この三次元で
好きな現実を創って遊ぶ「BSDアーティスト」に変える秘訣だよ。

「魂のデザイン」を生きろ ～セルフイメージが間違っている！

多くの人が、間違ったセルフイメージを持っている。
自分ではない何者かになろうとして、「魂のデザイン」から離れていき、
自分のパワーを使うことができない。

その例を紹介するよ。

「アホになると愛されだす」Wさんへのメッセージ

あなたは放っておくと、知性に走る、賢いふりをする。でも、あなたが愛されるのは、あなたのアホさが零《こぼ》れてしまう瞬間です。

知性で武装するのをやめるのをお勧めします。あなたが自分のアホさに許可を出すとき、〝純粋さ〟〝無邪気さ〟が出てくるよ。それがあなたの魅力なんだ。すると、もっともっと愛される。今は、あなたの魅力が知性で邪魔されて、周囲に伝わっていない。

アホになることは、お子さんとの関係を改善します。お子さんは、いつもあなたの理知的な部分を見せられている。それも重要なことではあります。

だけど、それはあなたが〝賢くいいお母さんでいたい〟という、少し力の入った緊張状態であることを示している。あなたが無邪気であるとき、お子さんはあなたの前で緩むことができ、二人は親密になれる。お子さんと真の絆を作りたかったら、もっと、お子さんの前でアホになってください。

「アホさ」に許可を出すと、無邪気さと知性が混ざり合い、女性としての花が開くよ。

勘違いしないで欲しいのは、「アホになって」と言うと、知性を隠してアホになろうとするけど、その知性もあなたの魅力だよ。何も隠さないでください。ただ〝純粋さ〟〝無邪気さ〟に許可を出すだけ。

どんなピースも、あなたの魅力の一面なのです。そのピースがキラキラ輝いて、あなたから発光します。その輝きに惹きつけられて、あなたにふさわしい人、もの、出来事が現実のスクリーンに現れるよ。

「邪悪な側面が魅力を全開にする」Lさんへのメッセージ

※Lさんは一緒に暮らす彼の束縛がきつく、彼の顔色をうかがい、ビクビクするまでになっていました。仕事もうまくいかず、エネルギーが枯渇していました。

あなたの「魂のデザイン」は、女王さま。男性を同時に3人ぐらい手の平に乗せてもよいほどの力量がある。銀座のママのような感じ。

現在、一人の男性に支配的にされている状況は、あなたの魂の質とは真逆です。なぜ、そのような現象を起こしているかと言うと、あなたが本来の自分の力を認めずエネルギーを封じ込めているから、その役をパートナーがやってくれているんです。

束縛するパートナーを持っている人は、自分で自分の力を制限している人です。自分を赦してエネルギーを解放すれば、パートナーはその役をやらなくてよくなる。

それと、さらに重要なこと。あなたの邪悪さについてです。あなたは自分の邪悪な部分を嫌っているよね？　母のようになりたくなかった？

そうやって、母のように嫉妬深く意地悪になりたくないと、自分の一部を切り離してしまっている。そして、善良なふりをしている。あなたは決して善良な人ではありませんよ（笑）。あなたの魅力は、その毒っぽさ。邪悪さだよ。

もちろん、あなたにもピュアで優しく善良な部分はあります。しかし、それは、邪悪さと一緒になって初めて機能するんです。善良さが右翼、邪悪さが左翼、その両方があって初めてあなたは高く飛べるの。
「邪」を否定、抑圧するあまり、片翼で飛んでいたんだね。だから仕事もプライベートも、本来のあなたのパワーが出せなかったんだよ。

まずは自分の邪悪さにOKを出して、いや、それ以上に胸を張って肯定してください。あなたの「邪」は、肯定すればするほど、魅力となって人を惹きつけていきます。

ドラマで、主人公よりヒール役（悪役）の方が人気を集めることはよくあるよね。あなたの魅力は、それです。その魅力を全開にしたら、世界はあなたの手中にあります。それほどパワフルな人なんだよ。

隣の人にレベルを合わせていたら、決して自分自身にはなれないのが、あなたのような人。これから180度違う人生が始まるよ。シンデレラが本当に善良だったら、ガラスの靴を忘れてくるでしょうか（笑）。

「本来はふざけた人」Tさんへのメッセージ

真面目さにフォーカスしすぎず、自分の「魂のデザイン」に従って、ふざけて遊んでください。ふざけるとは、地球の概念に左右されないダイナミックな発想をしていくこと。

めちゃくちゃふざけた人なのに、それに自分で気づいていないんだよね。セルフイメージが違いすぎる。あなたは自分で思っている以上に、ふざけた人。あなたの周りにふざけすぎて腹立つ人、いない？　あんなふうに自由にふざけて生きたいと思うモデル、いないですか？

あなたが、その「魂のデザイン」に気がつかないのは、もし、そのことに気づいたら、真面目な仮面をつけた今の生活が一変してしまうことを、潜在意識で知っているから。

今でも十分成功しているし、十分稼いでいるし、そこそこ幸せだし。でも、知ってるよね？　あなたの一部が、それも深いど真ん中が苦しんでいることを。

「ふざけている魂のデザイン」を使うと、そんなことをビジネスにしていいの？と思うようなことで、簡単に稼ぐようになるよ。

自分のいい加減さを、諦めたらいい。頑張りに入る癖があって、それが今のあなたを築いてきたから、それを手放すのが非常に怖いのはわかります。だけど、もし、心から「本当の自分を生きたい」と願うなら、「ふざけているのが魂のデザインだ」と自分の認識に入れること。

真面目でシリアスなのをやめる。遊んで！　大胆に！　あなたはとんでもない遊び方ができる、ふざけた人なのです。

それを隠しているから、今のあなたは力の2％しか使えていない。でも、社会的に成功している。ふざけた方をやったら、どんなにすごいことになると思いますか？

「苦労好きから遊び心へ」Y子さんへのメッセージ

強固な概念を持っている場合も、セルフイメージを間違えてしまいます。セルフイメージが違うということは、他人の人生を生きていると言ってもいいくらい、違った道を歩いているんだよ。

あなたは、「苦労するのが好き」という概念を持っている。自分では無意識ですが、実はそれを喜びの中でやっています。だから、やりたいことを始めても、ワンクッション必ず苦労する。

それは、あなたが苦労したいから。苦労話するとき、「ドヤ顔」してるよね（笑）。

目覚めると選択肢が増えます。不安や恐怖が湧くのは、思考が未来に行くから。あなたの意識は、常に「過去」か「未来」に飛んでいて、「イマココ」にいない。それが、苦労を創る原因。

どれほどネガティブな現実を創っていても、イマココに戻るとき、平和と調和の周波数に戻ります。そうすると必然的に、そんなに苦労は続かない。〝心配癖〟が不幸を創っているんだよ。自分の意識が未来に行ったと思ったら、イマココに戻りましょう。イマココで、トーラス（※詳しくは第3章で解説）に戻るだけ。

仕事をするときも、プライベートも、遊び心でいてください。あなたの「魂のデザイン」は、〝遊び心〟だよ。

一度自分に、不幸癖をやめていいか聞いてみて。**あなたが選んでいる以上、あなたが変えるしかない。**あなただけが変わるチカラを持っているのです。

「ジャングルのワイルドな花」Kさんへのメッセージ

まず、ボクたちはあなたに、たくさんの人とデートをすることをお勧めします。今のあなたは、自分の世界が狭すぎる。まるで漬物石が乗っかったように、エネルギーが重い。

もっと、あなた自身を自由にさせてあげてください。それはすべてのジャンルで、です。あなたは自分で思っている以上に、自由で大胆な人なんだよ。

いろんな種類のお花があるように、魂の質というものがあって、規定の枠の中にいる方が綺麗に咲ける花もある。箱入り娘みたいな感じです。

でも、あなたはそうじゃない。ジャングルのワイルドな花。獰猛なくらいの大胆さが特徴です。ジャングルに咲く真紅の花は、地球の裏側までもその香りを飛ばし、獲物を呼び寄せる。ものすごく情熱的で力強い。

と同時に、繊細な花芯をはらんでいる。その繊細さがあるから、あなたは自分の才能が発揮できているんだよ。


でも、お金が回っていないのは、セルフイメージが間違っているから。今のあなたは自分の繊細さにフォーカスするあまり、自分はカスミソウだと思っている。

「そんなタマじゃねえぞ、おめえ」って感じです（笑）。

ジャングルで咲く、ダイナミックな真紅の変わり者の花。それはとてもセクシー。なのに逆をやっている。セクシーさを隠している。

お金が回ってる人って、セクシーです。スリットが入った真っ赤なスカートとか履いて、男をひっかけに行ってください（笑）。大胆さと繊細さ、その両方があるということを認めていくと、そこはかとない魅力が出てくるよ。

辛い感情や痛みはギフト

現実に辛いことがあって、感情が噴出しているときに、
感情を感じる方向に行かなくていいです。
感情を感じるのは、意識が外に向いているとき。
それをするなって言ってるんじゃないですよ。
意識を内側に向けてイマココに戻ると、
不思議なほど辛い感情が軽くなります。
イマココこそ、真我の入り口。
イマココに戻ることが、辛い感情を軽減できる一番簡単な方法です。
逆説的に言えば、**辛い感情が、**
イマココに自分を連れ戻してくれる最大のチャンス！
すべてがスムーズでうまくいってるときは、楽しくて、
知らず知らずのうちに意識が外に向いて、
現実のスクリーンの中に入ってしまう。

自分が何者なのか、真我を思い出させるために
あえて辛い現実を創っていると言ってもいいでしょう。

この人生の目的は、「魂磨き」なので、そういうことが起こるんだよね。
「魂磨き」という音には、ちょっと辛い地球的波動が入っているけど、
ボクたち宇宙の存在から見たら、それはめちゃくちゃ楽しいゲームだよ。
眠りからスタートし、目覚めというゴールを目指して、
人生の障害物競争をする。
眠りに入ったら、天の鉄拳を自分で自分に落とす。
そういう意味においては、このライフで覚醒を決めている魂ほど
厳しい現実を創るかもしれないね。
心身の痛みも、意識をイマココに戻してくれるツールだよ。
すべてのコトが、あなたをゴールに導いている。

周波数が高い人ほど悲劇の創造も早い

創造のゼロポイントからズレて現実のスクリーンに近づくほど、
映し出される現実が厳しいものになる。

そして周波数が高い人ほど、現実が厳しくなる速度が早いです。

自分が創造主だと知り、自分のド真ん中にしっかりと〝在る〟人のエネルギーは、
ドスンと安定していて、そのうえで意識が軽く、無邪気だよ。

そんな周波数の高い存在がブレたときは、あっという間に地獄に落ちます。

いや、冗談です（笑）。

でも、当人はそれくらいの打撃を味わいます。

例えば、鈍行列車が行き先を間違えても、そんなに遠くには行かないよね。

でも、ロケットだったら、あっという間にはるか遠くまで
飛んで行ってしまい、戻るのに大変な労力が必要だよね。

感覚のアンテナを立てて生活をしているから、高い周波数になっているのだけど、
だからこそ、感覚を誤魔化さずに〝在る〟ことが最重要となってくる。

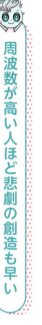

この宇宙の法則は、とってもシンプルです。

「いい気分」だけでは願いは叶わない

この地球上において、**「願いの抽出」**がまず大事！
あなたたちの目の前に現れている現実は、
あなたの願いが生み出したものと言っても過言ではないから。
「願いを放っているのに叶わない」と文句を言う人たちがいる。
叶わないのには、必ず原因があるよ。
この宇宙は、願いが放たれたら、そちらにエネルギーが動く法則があり、
実現するのが自然なことなんだよ。

叶わない場合は、今の自分の現状から遠く離れた
〝浮いている願い〟であることが多い。
もちろん、思いもつかないような奇跡が起こることはある。

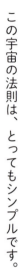

でも、浮世離れしている夢を放《はな》って、
「夢が叶わない」と嘆いている人も多い。
これは、地球で「スピ好き」と言われる人に多い傾向だよ。
こういう人たちの特徴として、明るく肯定的で、
ボクたち宇宙人に恋焦がれている方も少なくない（笑）。
ですが、こういう人たちは、自分が地球人であることを
忘れようとしているかのように、この地球に根ざしていない。
いわゆるグラウンディングしていない状態なんだよ。
なぜしないかというと、地球にグラウンディングすると、
否が応でも、現実と向き合わざるを得ないから。
現実に直面して嫌な気分になるくらいなら、
ちょっと宙に浮いていい気分でいたい。
良い現実創造をするために、「いい気分」でさえいればいい、
という誤解をしている人もいる。
そういう人があまりに多いので、

ボクたちはこういう人たちのことを〝いい気分症候群〟と呼んでいます（笑）。
いい気分でいても、あなたが肉体を使って
行動をおこさないと何も動きません。
願いが叶うのは、**願いを抽出して放ったら、**
その後やってくるインスピレーションに従って行動するから。
この行動がとても大事。これが「直感チャレンジ」だよ。

願いについて話を戻そう。
まず、〝浮いている願望〟を投げるのはやめよう。
願いを叶えて、物理的にも精神的にも自由になりたい、
お金や時間などの地球的制限から自由になりたいなら、
かけ離れた願いではなく、叶えられると信じられる、
手が届くくらいのちょっとした望みから始めてみよう。

最近、「旺季クラブ」という意識をテーマにしたコミュニティの中で、

「お金来い遊び」というのをやりました。

「100万来い」と願いを放つ遊びだけど、結構結果が出て、
55人のメンバーが1カ月で2000万くらいのお金を生み出しました。

このときに「100万来い」という設定で成功した人は、それが信じられる人。

「100万なんて無理」と思う人は、「3万来い」から始めるといい。

ささやかな願いなら叶うことが多いから。

そうやって成功体験を重ねていく。

それが重要なのは、小さな望みが叶ったときと、大きな望みが叶ったときの喜びの周波数（ヘルツ）は同じだからだよ。

アイスを食べて「キャーッ」って喜んだときと、
宝くじが当たったときのヘルツは一緒なんだ。

だから、ささやかな願いが叶ったときの周波数で、大きな現象を創造したりする。

どんなでっかい夢も、最初は、ささやかな一歩から。

「アイスを食べたい」という望みを出す。アイスを自分に食べさせる行動をする。

アイスを食べて喜びのヘルツを出す。すると、次の望みが生まれてくる。

夢の現実創造は、この繰り返しなんだよ。
日常のささやかな願いに、でっかい宝の芽が詰まっている！

繰り返す問題のあるところに才能がある

過去にクリアしたのに、また同じ問題を繰り返していることはないかな？
そういうとき、「全く進化していない」と
自分責めを始める人たちが一定数以上いる。
これは非常に面白い現象だよ。
問題が起こって苦悩しているうえに、自分責めという燃料投下をする。
こうやって、最初は簡単だった問題が複雑になっていき、
解決できる次元に戻ることができなくなる。
問題解決の次元は問題が起こった次元とは違うので、本当に解決したかったら、
それを起こしている思い込みを見つける必要があるんだよ。
思い込みは執着からきている。

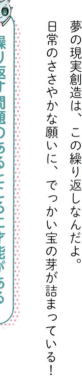

だから、執着が消える自我の終わりを迎えると、
あらゆる問題から解放されるよ。
「また繰り返している！」と思えるような同じ問題が起こって、
全く進化していないように感じても、
実は同じステージでやっているわけではないので、安心してね。

例えば、「お金がない」という問題を一度クリアしたことがあったとしても、
また「お金がない」問題がやってくることがある。
同じことを繰り返しているように見えるのは、
あなたたちに、時間という概念があるから。
時間がない次元において、その問題は「点」で起きている。
もし、その感覚に立つことができたら、
問題のない「点」にワープすることができるよ！
それを、あなたたちの世界では奇跡と呼びます。
量子力学で、物質の元となる量子がポンと次元を飛び越えて別の物質に変わることを

クオンタムリープ（量子跳躍）と言うけれど、それと同じ。
そして、意識は螺旋状に上がっていくので、
問題が起きていた過去はずっと下になって、
今は新たなステージで起こっているんだよ。
（この上下ということも、言語では説明が超難しいんだけどね）
だから、同じ問題を繰り返しているからといって、
進化していないわけではないので、安心してね。

ところで、その問題がなぜ繰り返されるかについて、説明するね。
例えば、お金の問題を解決したのに、またその問題が出てきた。
病気の問題を解決したのに、またそれが出てきていたら……
その分野が、あなたが一番意識が外に向いて、
自分が創造主であるということを忘れてしまうパートだからだよ。
どうしてその分野でそうなるかというと、
実は、その分野にあなたの才能があるから！

お金で困っている人はビジネスの、病気で困っている人は健康の、
人間関係で困っている人はコミュニケーションや関係性の、
そのエキスパートになる才能を持っていたりする。
なぜ、わざわざ潜在意識が、得意分野に問題を引き起こすかというと、
その分野に興味を持たせるためだよ。

例えば、シーラが知っている坂戸孝志先生は、
腰痛で自死まで考えたけど、腰痛を治す緩消法を発見し、
多くの人が救われているんだって！　そういう例は多々あるよ。
この地球は「陰陽」「二元」の世界だから、ネガティブなことが起きたとき、
ポジティブの要素も同時に起こっているんだね。
そのつもりで、地球上の現象を観察していると、何事もいい悪いはない、
そこに善悪の意味をつけているのは、自我だということがわかるよ。
シーラは、今では問題が起きると、
「また拡大する」って確信を持てるようになったよ。

目覚めのときの身体

意識はクリアになりつつあるのに、体調に不具合が出ていませんか？
それは意識の上昇に、身体がついていっていない状態。
この地球において、物理次元との繋がりを作る身体という器はとても貴重だよ。
そして、三位一体のバランスが取れていることがとても大切。
三位一体の三位とは、身体、心、魂。

瞑想などで魂磨きに専心している人がいるけど、心と身体のケアもしよう。
身体は運動や睡眠、食事。
心はストレスケア、感情の解放などだよね。
もしもバランスを崩している場合は、アーシングが効果的。
アーシングとは、裸足になって大地のエネルギーと繋がる健康法で
しっかりと大地にグラウンディングして、丹田に意識を向けて
深呼吸をすることで、上に向かっていたエネルギーが落ち着いてくる。

身体の状態がついてくるまで、
いったん周波数を上げるのを意図的にやめることもいいかも。
そしてね、どんな出来事も完璧だよ。
あなたが本当のあなたになるために起こっていると信頼してあげて。
そうしたら、物事はその方向に進むから。
絶対に大丈夫。大丈夫の太鼓判👽

恐怖との付き合い方

ネガティブな感情には、悲しみ、寂しさ、挫折感、罪悪感、
無価値感などがあるけど、これらの感情にOKを出していても、
恐怖にだけは許可を出せない人がとても多い。
恐怖というものが怖すぎて感じたくないんだね。
恐怖というのは、あなたの頭の上にのっかっている厚い鉄板のようなもの。

厚い鉄板には、針がいっぱい刺さっていて、それに押しつぶされ、
切り裂かれてしまうような幻想を、あなたは抱いている。
その恐怖に自ら入っていくとき、エネルギーが解放されるよ。

最も怖いと感じるのは、逃げているとき。
〝こうしないと、こうなってしまう〟という
原因と結果がある次元にいると、
どんどん妄想が起こり、恐怖も強くなっていく。
原因と結果があるのは、時間がある次元だけ。
時間の概念がないボクたちの次元では、原因と結果が結びついていません。
ただ、その事象があるだけ。
恐怖に襲われるときは、妄想という牢獄の中にいる。
では、恐怖を感じているとき、一番最悪な、最も怖い結果は何だろう？
それを真正面から捉えると、だいたいが「大したことのないこと」だと気づくよ。
もし、死んでしまうとしても、極端な話、ただ肉体を脱ぐだけ^^

あなたたちは死の恐怖に囚われているけど、
死は、〝スピリットは永遠で、人生は一瞬だった〟ということを知る体験です。

ところで、「この恐怖体験というのが、地球でのナンバーワンの
エンターテインメントです」と言うと、びっくりするかもしれないね。
でも、ボクたちにはそう見えています。
あなたたちは、ジェットコースターに乗りに行くよね。
妄想が湧いて恐怖におののいたとき、
「あっ、これは地球のジェットコースターだ」と思って、
恐怖と四つに組んで、恐怖のダンスを踊ってみてください。
恐怖のダンス、それがあなたを妄想から解き放つ鍵だよ。
身体を意識的に震わせることは恐怖を癒す効果があるので、
身体を思いっきり震わせながら、
「怖いーっ」と感じることを許可してみてね！

感情に蓋をしない

スピリチュアルな生き方をしようとしている人の中に、
ネガティブな感情を感じるのは良くないと思い込んでいる人がたくさんいる。
〝いい気分でいること〟で現実創造がうまくできるという教えに、
囚われているんだね。もちろん、それはある一面では本当。
しかし、ネガティブな感情を押しやると、
どんな思い込みを持っているのかを明らかにできず、
その思い込みは潜在意識に溜め込まれてしまうんだよ。
そして、その潜在意識が現実化してしまう。
顕在意識で、どれほどポジティブないい気分でいても、大切なのは潜在意識。
ネガティブな感情を感じたくないからと、
すぐにポジティブに変換するのもやめよう。
すべて善きことのために起きているという
宇宙的な視座に立つのはいいけど、感情に蓋をしないように。

抑圧された感情は、関節にも溜まっていくよ。
感情があふれたときは、「この感覚が出てきたな」と中立の視点から眺めること。
それが最も簡単に早く、感情を解放する方法だよ。

複数のタイムライン

未来のタイムラインは複数ある。
イマココという現在地点から、無限の数の未来があるんだね。
大まかな青写真《ブループリント》はあるけど、
すでに決まっていることは何もないよ。
あなたの未来を予言する人は、
今のあなたの周波数の延長線上にあるものを見ている。
現在の周波数が変化すると、その延長線上のタイムラインも変わる。
それが、奇跡と呼ばれるものが起こる理由だよ。

あなたの内側に情報はすべてある

今、この世界はたくさんの情報があふれている。
ミラとシーラが常に言っていたことがあります。
「あなたの中に答えがある」
しかし大半の人がそれを忘れて、外側に探し物をしに行ってしまう。
目覚めの情報などもそうだよ。
ボクたちは、「もう自分に戻りなさい」と何度も伝えている。
自分に戻ってハイヤーセルフに繋がる、または真我に戻ることで、
すべての問題に対する答えはやって来ます。
外側に求めれば求めるほど、本当の自分から遠く離れていってしまうよ。

このことを受け取ってくれた人は、大粒の涙を流して、
バズッと自分という存在に戻ります。
ボクたちの真実の音に共鳴して、自分と繋がるんだね。

本当の自分に戻ったときの感動は、
他では味わいようのない素晴らしいもの。
まるで故郷に戻ったような懐かしい感じもする。
今まで外側に向けていた意識を内側に向けるから、
自分が充実し始めるんだね。
何かや誰かに満たしてもらうのではなく、
自分の中からのエネルギーで満ちていくよ。

そのときに、次に何が起こるかというと、「退屈」です。
その満ちたエネルギーは、人や社会、世界に対して貢献する性質があるため
「自我の満足だけに生きるのはつまらない」と感じるようになるんだよね。
満ちた宇宙エネルギーを循環をさせたくなってくる。
優秀なアーティストは、そのエネルギーを作品で表現するけど、
あなたがアーティストではなかったとしても、
あなたは、あなたの生き方自体がアートになるんだよ。

めっちゃいいね！　いいね！


どうぞ、あなたの音を響かせてください。

あなたの人生は、世界にたった一つ。

あなたの表現も、世界に一つだけのもの。

魂を輝かせて生きる brilliant Soul design artist としての
生き方を始めると、人格さえ変わるでしょう。

あなただけの人生が始まるよ！

意識が操縦桿、キャプテンはあなた

世界の創造主であることを明確に知った人にとって、
嫌なことが起こったときは、
「本当はどうしたい？」ということを自分に尋ねるチャンスだよ。
悔しいこと、悲しいことが起こったら、

「ヤダー、私はこっちがいい」と創りたい現実を決め、
進んでいる方向をバチッと変えることができるんだ。
特に、大きなネガティブなことが起きたときは、
それこそ、人生を１８０度変えるくらいの特別なチャンス。

ここからの地球は、段階的に五次元に入っていきます。
その磁場では、誰もが自分の人生という
宇宙船のキャプテンだということを覚えていてほしい。
あなたたちの意識が、**操縦桿《かん》になる**んです。
意識を向ける方向に、あなたの人生は向かっていきます。
だからあなたの意志、どこに向かいたいかが、非常に大切です。

光と闇は50：50

毎年、夏至というのは、光が強くなるときなんだよ。

必然的に、あなたの中の闇が浮かび上がるときでもある。
光と闇、この陰陽二極あるのが、この地球の特徴です。
ｏｎｅとｈｏｌｅ。
あなたたちの存在は、光と闇が半々で構成されている。
陰と陽が半々。それが半々で構成されている。
光のみが多いということはありません。
50：50。
自分の中の嫌な部分が半分あっていいってこと。闇が半分あっていいんだよ。
衝撃を受けた顔をしているね？（笑）。
最初、ボクたちがこれを伝えたとき、
シーラも鳩が豆鉄砲をくらったような顔をしていた。
そして心の中の声が聞こえた。
「闇が半分なんて！　私はそんな邪悪じゃない！」
ご愁傷さまでした^^

あなたの中の闇を許可して、50あると認める。
闇を嫌っている限り、自分自身が100になることはありません。
闇もひっくるめた自分で、holeになる。
何一つ欠けたところがない完全なoneになるんだよ。
これもまた、悟りに向かうときの最重要事項です。
あなたがあなたを嫌っている限り、分離があり、
トータルな「在る」は起こらない。

あなたたちの地球では、これから闇と向き合う時代がきます。
2、3年ぐらい闇と向き合うことが起きて、そののちに光に向かいます。
闇と光が統合されたONEという世界がくる前に、
自分の中の闇を統合する必要があるからです。
そのプロセスとして、みなさんの中で**「闇出し」**が起こるんだね。
〝一緒にいるだけで闇出しを起こす役割を担っている人〟もいます。

そのような人は光が強く、他者の闇の部分をあぶり出してしまうんだね。
特別に悪いことをしてもいないのに、
突然誰かから攻撃を受けることはありませんか？
それはあなたではなく、相手の問題だよ。
あなたに過去の誰かや事件を投影して、
その人の向き合うべき闇をあぶり出しているんだ。
そのような問題が起こることは、決して悪いことではない。
次のステージに行くために起こることを、覚えておいてね。
この人（シーラ）も、他人の地雷をなぜこんなに踏むのかと
悩んでいたときがある。
地雷を踏んでいるというより、踏まされているんだよ。
相手や集合意識を大掃除をするために。
このような場合、自我（エゴ）がうるさく言ってくるけど、
被害者にならずに、高い視座に戻ろう。
高く広い視座から見ると、問題は実は

良きことに向かうプロセスで起こっていることがわかるよ。

自分の道は自分で照らす

今、地球と人類は変革期を迎えている。
そして、現象面での二極化が明らかになってきています。
貧富などの**体験の差は、意識の差の現れ**なんだけど、
同じ地球にいる人間とは思えないほど、異なる体験をしているよね。

この地球は、政治も教育もすべての構造が「眠り」を土台にできているので、
意識的でいないと、知らず知らずのうちに眠ってしまう。
それを防ぐためには、目覚めた者の周波数に触れることが大事。
目覚めた者は、すれ違うだけでも影響を与える。
それほど強い影響力があるとも言えるけど、
あなたたちは元々が、周波数が高い存在だからだよ。

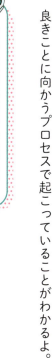

そして、今のこの地球は、
覚醒し、真我に戻ることがたやすく起きる磁場です。
今まで人間ドラマを演じて暇つぶしをしていたのが、
目覚めの方向に移行する魂が、たくさん現れてきている。
そのときに大切なのは、自分に全集中すること！
誰かに意識を向けて、エネルギーもれを起こす依存から卒業する。
これは、横並び意識が強い人や、群れることで安心していた人には
非常に辛く、勇気が必要なことかもしれない。
たった一人でやる孤独なチャレンジだから、
ここで立ち止まってしまう人もたくさんいるよ。
でも、自分の道の一歩を踏み出すのは、自分の足しかできない。
もしも「自分だけのオリジナルな人生を、この世界に表したい」と思ったら、
自分自身の光で、あなたの道を照らしてください。
その行為は、多くの人への応援にもなるのです。

仕事

会社に行くと周波数を落とす人へ

会社に行くと周波数を落とす、ということをやっている人がいます。
というか、ほとんどの人が集団の中に入ると、周波数を落とすよ。
それは、他人に意識を合わせているから、その人の周波数になってしまう。
内側に意識を向けていると高い周波数でいられるのに、
外側に意識を向けて周波数を落とす。
これを、みんながやっている。
お互いがお互いに合わせて、足を引っ張り合っている感じです（笑）。

どんなに瞑想やヨガなどで内側に意識を向けて周波数を上げても、

人に会うたびに外側に意識を向け、周波数を落としていると、
周波数が乱高下する癖をつけてしまう。
宇宙と繋がっている安定の周波数、それを保つためには、
どんなに人に囲まれていても、繋がるのは自分の内側、
静けさなんだと覚えておくと、そっちが平常運転になっていくよ。

目覚めの音を出す

特別に困った問題を抱えているわけでもないのに、突然気分が重くなる。
あるいは、頭痛がしたり、体調が悪くなる。原因は不明。
そんなことはありませんか？
そういうときは、集合意識や人の気《エネルギー》を受けているんだよ。
喜びにあふれた場所だと楽しくなり、厳格な雰囲気の場所だと緊張するなど、
環境や一緒にいる人、磁場の影響を受けるのです。
特に、エンパスと呼ばれる共感力が高い人は、

これが原因で人生が壊されてしまうことさえある。
やる気や情熱まで、無くなってしまうんだよ。
特に意識が外に向いている人は、外側の影響を受けやすく、
そうなると、自分が何を好きで、何をやりたいのかも
わからなくなってしまう。
オー・マイ・ゴッド!!

そこから抜ける一番のお勧めは、**「あなたが発信地になる」**こと!
「発信地」になるとは、自分が感じていることや気づきなどを、シェアする。
喜びの震源地になる。
そうすると、周囲のエネルギーを受けることはなくなるよ。

今、この世界にあふれている音、表現は、
ほとんどが「眠りの音」だと気づいているといいかもしれない。
ほとんどの人が**現実のスクリーン**の中に入り込み、

それを自分が創っていることを忘れている。
一方、ミナモトに繋がって行う表現は、
それに触れるだけで、元々の自分に戻った状態になる。
元々の自分とは、分離のない真我の状態。
多くの人が、そんな表現をし始めたら、
アッという間に、この地球からあらゆる問題が消えるよ。
戦争さえね。戦争は、分離が現象化されたものだから。

とにかく自分の感覚と繋がって表現したり、音を出してください。
日々の会話でいいから。
ミナモトと繋がった感覚で、現実は自分で創っているという
目覚めの立場でしゃべる。
「大変だ、何にもうまくいかない」という愚痴に対しても、
自分と繋がっていたら、「絶対大丈夫！」と力強い音を響かせられるよ。
あなたが目を覚ますとき、沈黙の中にいても周囲何百メートルにも影響を与える。

変革のフェスティバルは、あなたが音を響かせるのを待っています。

そして、そんな目覚めの音は、
豊かさの循環に結びつきます。
目覚めの音はお金を生み出し、
そのお金はまた目覚めのために使われる。
これが、最も速くてでっかいサークルを生み出す、
お金の生み出し方。
そして、それは、
あなたのソウルビジネス（魂の仕事）になるのです。

▼私シーラも、周りの周波数を受けてブレたと思うときほど、インスタやユーチューブでライブ配信をしています。ライブ配信では、ミラと繋がることで高い周波数との共振共鳴が起こるので、簡単に高い意識に戻れるのです。

Mar. grasslands of Kenya

その時
あなたが中心軸にいると

何も
心配することはありません

なので今日も
あなたの好きな現実を
創ってください

(23.7.23 BSD)

告知は自慢

最近、起業をする人や、〝自分ビジネス〟と称した
スモールビジネスをやる人が増えているね。
そこで必ずついて回るのが、商品の告知記事。
これを書くときに重要なのが、エネルギーを乗せること！
この世界のすべてに周波数があり、その共振共鳴が起きている。
商品が売れたり、集客できる告知文は、自分自身がお客さんだったら
「絶対欲しい」「そこに行きたい」と思う周波数が乗っているよ。

ベストな告知は、自分の中でその商品に対して
情熱の「波が来た！」と感じられるタイミングでやるのがいいです。
どうやったら周波数が乗るのか、ということを工夫するんだよ。
周波数を乗せるのに効果的なのが、ストーリーにすること。
その商品を、自分の物語とリンクさせて語るようにする。

テレビドラマは視聴率を稼がないといけないから、
人を惹きつけるように作られる。
そのために、何をやるかっていうと〝人情に訴える〟。
良い告知文というのも、自分の物語とリンクさせ、
人情を揺さぶる何かを入れて、自分の感動を伝えるの。
その感動がお客さんに伝わって、商品が売れるんだよ。

人は心を動かされるものを買う。
心を動かすためには、何かで、ほろっとさせるといい。
それにはどうしたらいいか？
自分が傷ついたこと、見せたくない恥ずかしいこと、腹の中のものを見せること。
それが人の気持ちを動かします。
友情とか、親子の葛藤とか、明かすにはちょっと戸惑うベタなもの。
それについての本音を書くのです。

でも、多くの人が、それはカッコ悪いと思って出さない。
カッコつけてたらできない表現が、人の心を動かす。
例えば、ある告知文に、「家庭の温かさや親の縁に薄かった私にとっては」
という一行を見たことがある。これだけで、その人の痛みが伝わるよね？
痛み、そして、セクシャルなもの。
それが、この世界で人の注目を惹きつける二大要素です。
自分の痛みをシェアしたこういう告知文には、販売促進だけではない、
その人を応援したいという気持ちにさせる効果があるんだよ。

お金

ゾルバ・ザ・ブッダ

人間の欲望の限りを尽くしたと言われる、ゾルバ。

物質的な豊かさを楽しみ、俗に生きた人。

一方、ブッダは悟りの最高位〝仏の悟りを開いた人〟を指すよね。

精神的な豊かさの象徴、聖なるブッダ。


インドの神秘思想家OSHOは、その両者が統合された人間のことを〝ゾルバ・ザ・ブッダ〟と名付けた。

聖なるものと俗なるものの統合。

物理的な豊かさと精神的な豊かさ、その両輪を体現する存在。

「ベンツに乗ったブッダになろう」というフレーズを聞いたことがあるよ。
このゾルバ・ザ・ブッダが、この地球の次元において最高の豊かさ。
悟りを得るために山にこもり、すべてを捨てて修行する時代は終わりました。
この俗世界で、物理的な喜びを享受しつつ、目覚めている——。
あなたたちは、そのステージで生きる初めての人類。
なんて素敵なことでしょう！

10円も1億円も手に入ったときの周波数は同じ

ささやかなものが手に入ったとき、「やったー！」と喜ぶことで、
さらにでっかいものも手に入る、現実創造のチャンスにできるよ。
得たときの喜びの周波数は同じだから、その周波数を味わって発することで、
豊かな未来を創造していける。
やったー！

自分をお金持ちだと観測する

お金の支払い方に、自分に対してどんな思い込みを持っているかが現れるよ。
例えば、高額の商品やサービスを買うときに、分割を利用していない？
それは悪いことではないけど、そのときに、自分に対して
「お金がない人」「お金を作れない人」という観測をしていないかな？

何度も伝えているように、持っている「概念」が現実に映し出されるんだよ。
「お金は得意」「お金は生み出せる」と、思っている人は、
お金を持っていない状況からでも、必要な額のお金を簡単に作り出す。
「このくらいのお金は作れる」という観測を自分にしているから。
だから、実際にお金が回っている。現実は、ただそれだけのこと。
もし、あなたの周りにお金持ちの地球人がいたら、
お金への思いを聞いてみてごらん。
また、お金で困っている人がいたら、同じように尋ねてみて。

その概念の違いに驚くよ。

そしてこの概念というのは、
同じような概念を持っている人同士が集まりやすくなる。
概念が違うとエネルギーが違いすぎて、居心地の悪さを感じるから。
そんな人は、あえて高級な場所に行ったり、
お金持ちと一緒に過ごして、
その周波数に共鳴してみるのも良いよ。
頭で理論を学ぶよりも、エネルギーに触れる方がずっと早く効果が現れる。
頭を通すと周波数が重くなるからね。
だから、ボクたちは「アホ」を推奨しています。

また、商品を売る側の人たちも、
お客様を〝お金のない人〟と観測するのをやめること!
他人への「観測」も、とてもパワフル。

「お金を生み出すことができる人」と観測してあげることで、実際にそうなっていくよ。

これは教育とかも同じだよ。

その人の**限界のない力を信頼する**。それが一番のサポート。

だから、安く提供してあげる、値引きするというのも、どんな概念で、そうするのかチェックするといいよ。

相手に力がないからではなく、感謝の気持ちからなら、相手の力を奪うことなく、感謝の循環が起こる。

「相手にお金がないから」という施しは、相手の力を奪っていることになるので要注意!

▼私シーラも赤貧のとき、高級レストランやホテルに行っても緊張して楽しめませんでした(笑)。しかし、だんだん場所に慣れることで、お金も循環し始めました。

お金はエネルギー

この世界のすべてがエネルギーであり、お金も例外ではありません。
執着がある分野に問題は起こりますが、
あなたという人間が強度に執着をしがちなのが、お金と恋愛です。
なぜ、執着するのか？　それは不安があるから。

お金の場合、「使ったらなくなってしまう」という恐れを持っている。
そして、お金に対して罪悪感を持っている。
何もしていないのにお金をもらったら悪い、と思っていない？
恐れと不安、罪悪感、そんな周波数をくっつけているもの、欲しくないよね？
だから、あなたの懐は淋しいんだよ。

お金に「愛」と「感謝」の周波数をくっつけてみよう。
お金を払うことで、どれほどのサービスを受けているでしょう？

食料も住まいもネットも、身の回りのあらゆるものが
お金を通して提供されているよね。
それがなくなったら、困るよね？
お金が与えてくれているものに、感謝してみよう。
感謝は、この世界で最も周波数の高いものです。
その周波数が、お金を運んできてくれるよ。

人間関係

孤独のカーテン

身体の周りにモヤが漂っている人がいます。
それは、孤独、独りぼっちと地球では命名されるエネルギーだよ。

〝孤独のカーテン〟と呼べるべきもの。
この名前からネガティブなものに捉えるだろうけど、
実は、それは幼いときからその人を守ってきたんだよ。
だから、その衣のようなエネルギーを脱ぐのに、
人には理解できないような勇気がいるの。

心をくじく出来事があったときに、
人は孤独な寂しいその繭に入りたくなる。
それが慣れ親しんだ場所だから。
その中から見る現実というのは、
自分以外の人がとても仲良くしているように見えたり、
誰も自分に注目していないと感じたりする。
そして、ますます一人ぼっちという繭をさらに厚くするんだ。
その中では、痛みと同時に、安心感も感じることができる。
なぜなら、幼いときからその中でだけ、

安心できるという思い込みを使ってきたからね。

そういう人は、〝自分で自分を守るために、この孤独の繭を使っている〟ということを自覚したらいい。

そしてこの繭に入っている限り、あなたの光は外側に放射されないので、人々にあなたの光が見えなくなってしまう。

孤独のカーテンは、あなたの本当の姿を隠す役目があり、出会う約束をしてきた人が、あなたを見つけることができないということが起きてしまうんだよ。


でも、いいではないですか。

その**孤独の綿菓子**をなめなめして、気がすむまでそこにいたら。

ボクたちから見たら、あなたたちの一生は一瞬の出来事だし、あなたが死ぬまで孤独の中でなめなめしていようと、あなたが愛されていることに変わりはない。

でも、孤独の繭の中にいるあなたには伝わらないの。

それが伝わってしまうと、その孤独の繭が愛で溶けてしまうから。
まだ、それを手放したくない間は、人からの愛情も受け取れないよ。

次の次元に行くときがきたら、孤独のカーテンを外して
この先に行っていいかどうかの選択をすることになる。
だから、焦る必要はないよ。

「自分のペースでやりたい」ということを誰かが言うのに対して、
ボクたちは否定的です。
なぜなら、「あなたのペース」なんてないから。
宇宙の波に乗ったとき、あなたのペースなど吹き飛ばされてしまう。
それくらい、宇宙の流れに乗った方が速いスピードで行ける！
でも、時においては、早いスピードがいいとは限らない。
しっかりと痛みと向き合うことも、とても大切なプロセスだよ。
繭の中にいようと、必ず自分の光を発散するようになるから

安心して今の自分に寄り添ってあげて。
今の自分を愛すること、それがどんな状態であろうと、
最も早くその状態を抜ける秘訣だよ。

拗ねは最大の遊び

拗ねている自分に気づけるのは、高い視座に自分が在るから。
拗ねていることをジャッジしないで。
拗ねていると、冷たく固い氷の中にいる自分を変えなくてすむ。
エゴは変化を嫌うので、変わらないでいる方が楽だと思わせるんだ。
でもね、それでは本当の望みに到達できない。
氷を割るのは自分だけ。自分で決めるだけだよ。
拗ねは、本当の望みを見つけるチャンスでもある。
寂しさがあると、拗ねが出る。「自分はいらない人なんだ」と

人と距離をとることを、多くの人がやっているよ。
でも、そうする前に、自分と向き合ってみない？
そのままにしておくと、相手を変えて同じ現実を創り出す。
拗ねをやめたくないのは、拗ねであなたの人生が彩られているから。
それが自分の性格だと勘違いしている人もいるよ。
そのため、起こる出来事が、拗ねていることで創造している
ということに気づけない。
だから、まず、拗ねに気づくことが大事だよ。
拗ねをやめると大きな愛も受け取れるし、望みも湧いてくる。
嫉妬するような人にも、素直に「いいね！　いいね！」できるようになるよ。
「いいね！　いいね！」は、その周波数を自分のものにしたっていうサイン。
羨ましいと思っていた出来事が、あなたにも起こってくるよ。

嫉妬はラッキーサイン

あなたたち人間は、嫉妬や嫉妬する人間を非常に嫌うけど、
嫉妬は力のなさの現れであると同時に、
本当に力がないときには出てこないものなんだよ。
だから嫉妬心が湧いたら、そうできる力がついてきたと喜んでいい！
とても複雑なんだけど、「私はダメ」と「私はできる」という
逆方向の価値観を両方持っているときに嫉妬が起こる。
ブレーキとアクセルを両方踏んでいるような感じだね。
絶対に敵わないと信じているステージが違う相手には、
嫉妬の感情は湧きません。
自分もそうなれると感じているのに、
できていないことを叶えている人に嫉妬心が湧くんだよ。

ところで、本当は嫉妬しているのに、それを認めずに

いい人のふりをする人がいる。
そういうことをしていると、嫉妬の対象を「嫌い」になってしまう。
あなたが蓋をした感情から逃げたくて嫌いになるんだよ。
また、私は嫉妬するレベルにはありませんという
パフォーマンスをする人もいる。
挑戦をしないで済むように逃げているだけなんだけど、
自分自身にもそのことを気づかせない。
でも、これは自分に失礼。
あなたが嫉妬する相手は、あなたの未来の姿。
次は自分の番だと思って、その人の周波数に共振共鳴してみよう。
波動の振動が最も早く、あなたをその現実に連れて行くよ。
嫉妬の相手は、あなたに、そのヘルツ体験をさせてくれる貴重な存在。
先に叶えてくれてありがとう、と思えたとき、
あなたはもう同じステージに立てているんだよ。

選ばれないとき

誰かが誰かを選ぶとき、自分は選ばれなかったという幻想に陥る人がいるね。

その人が他の人を選んでも、自分がいらない人になったわけではないのに、そう感じてしまう。

あなたたちは、自分が選ばれないと、自分はたいしたことがないと感じて、自分責めを始める。

そのようなケースには重要な課題が隠れている。

それは、**大切にされることに慣れていないので、無意識に、選ばれるポジションから逃げる**現実を創造しているということ。


一方、選ぶ側がやりがちなことがあるよ。

新しいことをやるときに、誰を選んでもいいのにも関わらず、

「この前この人だったから、また今回もその人でいこう」

というように、制限された考え方をすること。

世界は、いつだって今この瞬間は新しい、
ということが起こり続けているのにね。
しがらみや慣れで、今までの延長線上で選ぶとき、
新しい次元へのシフトが起こらない。
新しいエネルギーで始まるそのポジションにハマる人は誰だろう、
というふうに手放してみる必要がある。
そうすると、そのポジションに最適な人が現れるよ。
恋人やビジネスの相手のポジションもそうだよ。

誰かの特別な存在になりたい

誰かの特別な存在になりたいと願う人は多いよね？
同時に、自分にとって特別な人を作りたいと願いもするでしょう。
でも、その想いが執着となって苦しみの種になることがある。
ＯＮＥ（真我）の次元において、特別な人は誰一人存在しません。

同時に、すべての人が特別でもあるんだよ。
あなたは、なぜ、その人の〝特別〟になりたいの？
ボクたちは、あなたがその相手に執着している場合、
その人を愛しているようには感じない。
あなたが欲しいのは、「認めてほしい」「得したい」「誰かに勝った優越感」、
そんなもののように見えるよ。
それは自我《エゴ》の暴走です。
エゴが、今のあなたでは足りないと大騒ぎしているんだよ。
あなたはすでに完全な存在なのに、それを感じられないの。
そして、外側に意識を向けて求めれば求めるほど、
あなたはＯＮＥから離れていく。
この問題を解決するには、エゴの次元から真我の次元に戻ること。
あなたは元々ＯＮＥなので、そっちに戻る方が簡単なんだよ。
そしてね、逆説的だけど、あなたがその執着を手放したとき、
その人の愛があなたに向かい始めることは非常に多いよ。

特別な人でありたいという願いは、自我《エゴ》の切望でもあるので、
それを否定せずに、求めてみたらいいかもしれない。
一見、目覚めから逆の行動選択のように見えることも、
一度やり切る方がいいときがあるよ。
自我《エゴ》の渇望を満たした方が、先に行けることも多い。
そうやって、地球の遊び「ミルクレープ劇場」を
堪能するのもいいね！　いいね！
悟りも煩悩もエンジョイだよ！

前提が現実を結晶化する

「愛されない」という前提を持っていると、愛されていない現実を創り出すよ。
そういう人は、愛されていない証拠を見つけ出し、
その度に「私は愛されてない！」と文句を言う。
でも、本当に文句を言いたい相手は、目の前のその人ではない。

多くは、その人に親を投影しているだけ。
親に言えなかった文句を言って癒されたいために、
同じシーンを再体験しているんだよ。

以前の地球では、こういう場合、セラピーが必要だったけど、
今からの新生地球では、もっと簡単に変わることができる。
愛されていない前提の磁場から、愛されている磁場へ移行するだけ。
無価値感の磁場から、愛の磁場への移行とも言える。
イメージの中でやってください。
ただ、簡単すぎて使えない人がいるかもしれない。
この方法で次の次元に移行するのは、
もう、文句を言って昔の心の傷を癒さなくてもいい、と決めた人だけ。
癒しよりも、新しい創造にエネルギーを使いたいと
決めた人だけが使える方法です。

この〝決める〟ことには非常に勇気がいるよ。
自我は変化を恐れるので、邪魔をしてくる。
「そんな簡単に許していいのか⁉」「こんな方法で愛されるわけがない！」
「損するぞ！」などの言葉が脳内で響きます。
しかし、これは自我の声だよ。
愛されていない磁場は自我、愛されている磁場は真我の象徴です。
あなたは、どちらを生きたい？
与えてもらえなかった過去の心の傷を埋めるために、
人から奪おうとし続ける？
それとも、すでに自分は満ちていることを知り、
与えることで愛の循環を起こす？
どちらが上とか、どちらが善とかの話ではないよ。
ただ、地球の波動が上昇して、宇宙的で簡単な方法で
魂の進化が起こる時代がやって来たんだよ。

「独りぼっち」と「独り在る」こと

孤独感というのは、外側に意識が向いて
自分が独りぼっちだということを感じるときに、出てくるものだよ。
深〜く自分と繋がっていると、本当は誰とも離れていない、
すべての人と、すべての存在との深い繋がりを感じることができます。

自己実現

自分のネガティブに蓋をしていると本音がわからない

みなさんの多くは、まだ枠の中にいながら、
以前よりもずっと自由になってきたので、

それを、枠の外に出ているんだと誤解している人がいます。
でも枠の外で生きることとは、今までの生き方が180度変わるくらいの変革だよ。
今は、地球的な生き方から枠の外に出て、
宇宙的な生き方ができる、地球史上初めてのとき！
ものすごくエキサイティングなときだよ！
ワクワクする**「人類革命」**が起きるのです！

肉体を持って高い意識で物理次元を楽しめるということは、
自己実現が簡単にできるということ。
自己実現するために大事なことは、自分の望みを知ること。
でも、ボクたち宇宙存在から見て最も不可思議なのが、
地球人のみなさんが夢を叶えたいと言いながら、
自分の本当の願いにアクセスしないことだよ。

多くの人が「お金がほしい」「有名になりたい」「結婚したい」など、

いろいろな願いを主張するけど、ボクたちはそれが、
頭で思考されたモノ、つまり浅いモノに感じている。
頭の望みは、**人から評価されるためだったり、**
自分の願いではなく、親のものだったりする。
例えば、「魂のデザイン」は、パンクの格好をするような質なのに、
母親から求められた良い娘の理想像を演じるあまり、
自分の好みさえ分からなくなっている人もいる。
それほど、みなさんは何かや誰かの影響を受けて
極端に言えば、洗脳されて、
本音に繋がれなくなっている。

しかし、宇宙のサポートが入るのは、願望が「魂の望み」のときだけ。
「魂の望み」は自我を超えていて、
本音に繋がらないと現れません。
「魂の望み」が現れると、自我は慌てて「めんどくさい」とか

「そんなことをして何の得になるんだ」と、思考を忙しくして止めてくる。
でも、このときこそ、思考を静かにして
意識をハート、または、丹田まで降ろして内観してみて。
「魂の望み」に繋がると、その望みが叶っていないのにもかかわらず、
深い安堵感に包まれるでしょう。
その願いは、あなたがこの生を受けたときからそこにあり、
あなたが迎えにきてくれるのを待っていたんだよ。
魂の願いに沿った人生を生き始めた人は、
我欲にそれほど興味はなくなっているのに、叶うことが起こってくるよ。

「魂の望み」に辿り着けない人の特徴に、
自分のネガティブな面である、闇を受け入れていないというのがある。
本音を無価値感や嫉妬、挫折感などが邪魔して、
本当の望みに触れられないいんだ。
そのようなときは、まず、そのネガティブな感情に許可を出す必要があるよ。

あなたが感じるもの、あなたから出てくるものに、
何一つ悪いものはありません。
と同時に、それは、あなたのものではないんだよ。

原初的なあなたの感情と繋がってください。
これが好き、これが嫌い、こうしたい、これはしたくない、
そんなシンプルな自分の本音に繋がってほしい。
頭で考えると、そんな簡単なことさえわからなくなってしまうんだ。
そして、感情もただの現れだと腑に落ちるとき、
嫌がっていた感情は溶けて消えていくよ。
そのとき、アクセスできなかった本音に繋がれる。

多くの人が、本音に繋がることを非常に怖がっている。
本音に気づいたら、今までのような生き方が
できなくなることを無意識にキャッチしているから。

人に嫌われたくない思いが強い人も、本音を避けることが多い。
本音は、毒っぽいゲスい部分やタブーに隠れていることが多いので、
そういった認めたくない部分と、向き合う必要があるかもしれない。

本物のあなたで、この地球の冒険をしてみたくはありませんか？
本音を生きてみてください。
一気に、あなたの人生は簡単に成功へと流れ始めるよ。
なぜなら、そのことの方が、宇宙的には自然な流れだから。
そうなると、あなたたちの知識とか知恵では捉えられない、
莫大な宇宙エネルギーが注ぎ込まれるのです。

トーラス瞑想

これは、あなたを本来の宇宙的な意識に導く簡単な瞑想だよ。
この瞑想をやるだけで、目を覚ました状態で、

この地球を楽しむことができるようになるんだ。
これはあなたの周波数を変えるので、
現実創造にとてもパワフルに
作用します。

内側の周波数が外側に映し出
され、現実が創造されるので、
あなたが今、どんな周波数で
いるのかがとても大切です。
ハーバード大学の研究で、心
臓からエネルギーフィールド
が発生していて、
その形はトーラスの形をして
いると発表されたそうだよ。
ストレスが大きいとトーラス

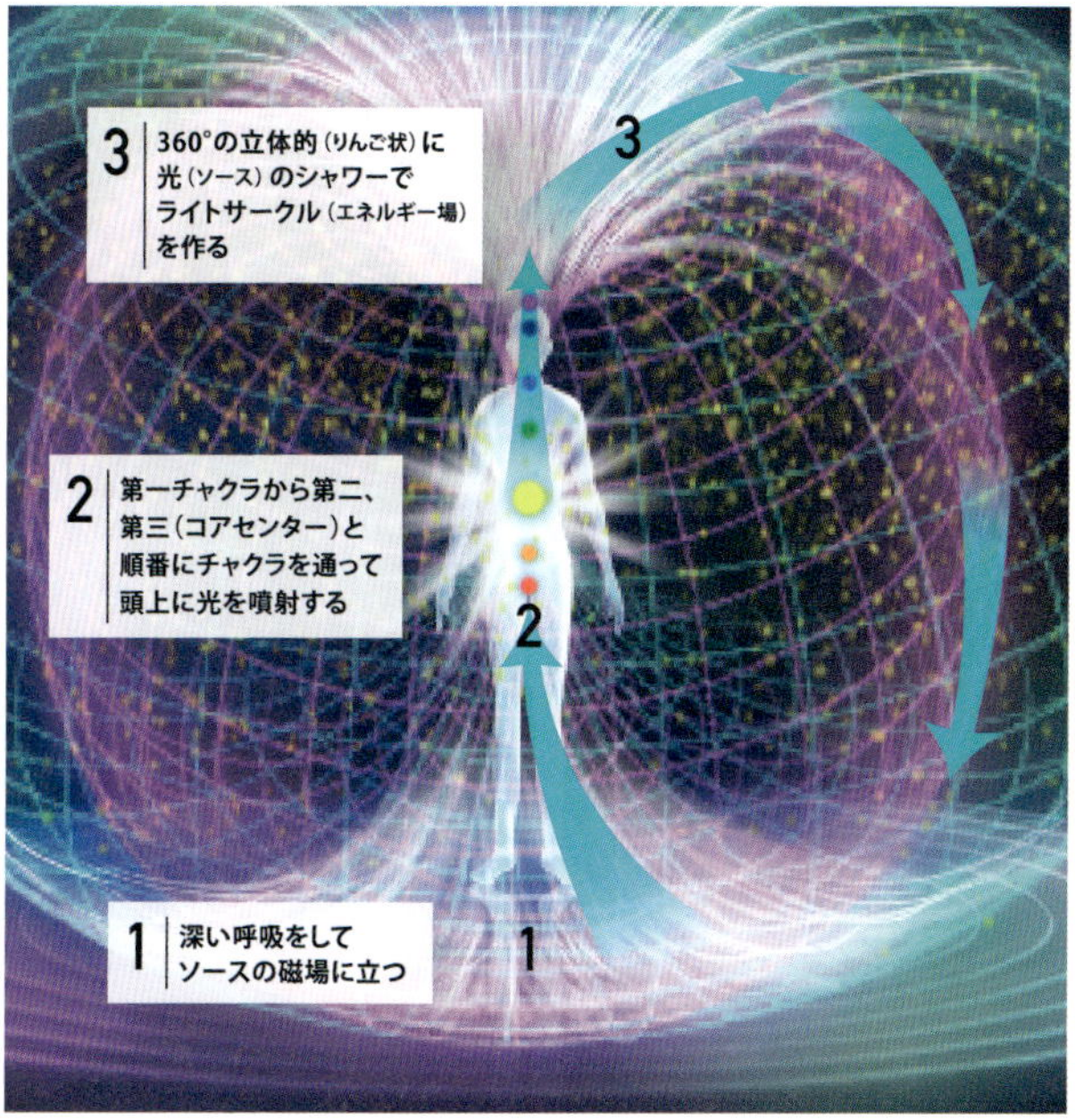

の形が小さくなり、
小さくなったトーラスの中ではクリエイティブな力が弱まってしまう。
ハートを開いたり、ワクワクしたり、ポジティプな周波数の状況のとき、
りんご状のトーラスはとても大きく広がっているそうです。

この瞑想では、トーラスの形を意識的に大きく作って、
その中で現実創造を行っていきます。
それでは、一緒にやってみよう。

ソースの磁場。
大きく波打っている、広大に広がるソースの磁場の中心点に立って、
大きく深呼吸をしましょう。
「私が創造主。私がソースそのもの」
そう呟いて、自分の足がクリスタル状の根のようになって、
ソースの磁場にぐぐぐぐーっと伸びて届き、グラウンディングをします。

イメージできない人は、ただ「そうである」と決めて信頼してください。
潜在意識が勝手にやってくれます。

もう一回、深呼吸をしましょう。では、トーラスを作っていきます。
第一チャクラからソースエネルギーを吸い込んで、
吐く息と共に上に上げていきます。
第二チャクラ、第三、第四、第五、第六、第七チャクラまで、
下から光の柱がバァーッと上がっていきます。
ものすごい量のソースエネルギーです。

ソースエネルギーの光の柱は頭頂部まで上がっていくと、
頭頂部にある第七チャクラで、バーンと爆発が起こります。
すると、りんご状のトーラスのエネルギー体があなたの体を覆います。
あなたは、その中心部に立っています。

深呼吸を一つして。
このパワフルなトーラスの中では、
クリエイティブな力がとても働きやすくなります。
この場所で、今から、夢が叶ったときの気持ちを感じていきましょう。
ハートに手を当てて、あなたの願い、
夢が叶ったときの感覚、気持ち、感情を感じていきます。
18秒感じましょう。
その夢が叶ったとき、あなたはどんな気持ちを感じていますか？
ゆっくりと呼吸をしながら、感じてみてください。
感覚を感じるのが、とても大切です。

十分感じたら、その周波数、感覚を、コアセンターにセットしましょう。
このコアセンターという場所が、あなたの現実創造を起こしていきます。
コアセンターはお腹から5センチから10センチくらい上の、みぞおちあたり。
そこに感覚をセットする、と意図しましょう。

両手でそのみぞおちあたりを押さえて、マントラを唱えます。
マントラは「私はやる。私はできる。なぜなら私が創造主だから」と3回唱えます。
一回唱えるごとに、深呼吸をしながらやっていきます。
では、一緒に唱えましょう。
「私はやる。私はできる。なぜなら私が創造主だから」深呼吸。
「私はやる。私はできる。なぜなら私が創造主だから」深呼吸。
「私はやる。私はできる。なぜなら私が創造主だから」深呼吸。

唱えたら、手放します。
夢の実現が起こっても起こらなくても、あなたは完全に幸せです。
それが起こるかどうかに執着がないとき、その感覚は光の波紋となって
コアセンターから360度、あなたの周りに広がって現実化を起こしていきます。
そのことを信頼して、ゆっくりここ（イマココ）に戻ってきてください。

現実創造の秘訣

現実創造の「波動のセットの仕方」で、アドバイスがあるよ。
やり方一つで、簡単な現実創造が難しくなってしまうからね。

まず、夢を叶えた気持ちを感じているときに、
「こんなものすごい夢はだめだ」とか、
「叶うわけがない」などの思考が働いてしまうことがある。
当然、嫌な気分になってしまうよね。
そういうときは、その夢が叶ったときの感覚ではなく、
もう少しハードルを下げて、夢が叶う途中の段階、
または、夢に向かって小さな一歩を踏み出したときの感覚を感じてみてください。
夢が叶ったときをイメージするのは、**その感覚を抽出するため**だよ。
願望達成は、**その願いが叶ったと信じたときに**
出てくる感覚をセットすることが、とっても大切なのです。

この「夢を叶える現実創造」のほかに
短いタームでやる方法も伝えておくね。
大切なイベント（あるいは用事）があるとき、
イベントが終わったときに感じたい感覚をセットする方法だよ。
そのイベントが大成功で終わったとき、感じる感覚があるよね？
達成感、パワーや自信に満ちた感覚、一緒にやった仲間との一体感などかな。
それを、コアセンターにセットする。
または、朝起きたときと夜寝るときに
感じたい感覚をセットするのも、とても効果があるよ。
一日の終わりというゴールに向けて、流れができます。
ぜひ、やってみてください。
あなたの夢が、人生に現象として立ち現れてくるよ。
遠慮なく大胆に楽しんで、受け取っていきましょう。

ネガティブな現実を作り直したいときの秘訣

嫌なことが起こったときの、現実創造の話をするね。

「こんな現実は嫌だから、創り直せるならそうしたい！　神様、助けて！」

そういう声が地球上からときどき、絶叫のように聞こえます（笑）。

そういうときの「トーラス瞑想」の使い方ですが、

まず、あなたが「嫌だ！」と、

叫んでいる現実を中立に見る必要がある。

目の前の現実を受け入れたとき、創造のエネルギーが動き出します。

何度も繰り返し言いますが、みなさん一瞬で忘れるので再度言うと、

「**現実は過去の周波数の映し絵《ホログラム》**」です。

目の前の現実には何のパワーもありません。

なのに一喜一憂して、わめいているんだよ。

ボクたちからは、あなたが映画のスクリーンに向かって

「変われ！　こんな現実嫌だ！」と、
腕を振り上げて文句を言っているように見えるので、
クスクス笑ってしまいます。
というわけで、どれほど嫌な現実でも中立になったかな？

次に、その現実がどう変わったらいいか、自問自答してみて。
例えば、「借金があって夕食代もない」という現実があったとするね。
「どう変わったらいい？」と尋ねると、「宝くじが当たる！」とか、
「100万円臨時収入がある！」と答える人がいます。

さて、ここで質問です。
ソレをあなたは、今の状態で信じられる？
「信じられます」と即答できる人は、〝ふわスピ〟と呼ばれる、
地に足がついていない状態の可能性が高い。
ここで大切なのは、**自らが本当に信じられることを設定**すること。

「誰かが美味しいご飯をご馳走してくれる」だったら信じられるよね？
そのシーンを想像して、感覚を味わって、コアセンターにセットする。
そして、結果を手放す。
この**結果を手放す**のが、とても大切なんだよ。
嫌な現実を変えたいと思うとき、
執着が強く、この手放しができない人も多いよ。
でも、現実が変化するのは、現実がそうなってもならなくても、
すでに幸せであることに気がついているときだけ。
どれだけ、**すでに与えられている**か、感じてみてね。

トーラスの魔法が使えない理由

「トーラス瞑想」は、大きく人生を変えるパワフルなものだよ。
これで願いを実らせる人が続出してる！
例えば、「理想のパートナーと出会った」「ビジネスの売上が二桁増えた」

「嫌な上司が退職した」「離婚間近だった夫と仲良くなった」などね。

だけど、ときどき、この瞑想を使えない人がいるんだ。
簡単すぎて使えない人もいるけど、特に使えないのは、感情を感じたいとき。
地球の人間ドラマをやりたい人には難しい。
ミルクレープを味わいたい場合、この魔法は使えないの。
願いが簡単に実現してしまうと、
葛藤ドラマを演じることができなくなるから、
無意識にメソッドを使えなくするんだね。
そういう人は、しばらく地球の思い込みや制限を
楽しんだらいいのではないかな。
そして、そのことに飽きて
目覚めることを決めたときに、改めて使ってみてね。

シーラにもそういう時期がありました。

あえてトーラス瞑想を使わず、ボクとの交流も避けました。
なぜかというと、この人には、
「感情を感じることをしっかりやってみたい」という切なる願いがあった。
人間的なことをちゃんとやった後に、
宇宙的な意識に戻りたいという想いが強かったんだね。

感情を感じるというのは、ポジティブな感情だけでなく、
ネガティブなものもエクスタシーだよ。
この地球でしか味わえないエンターテインメントなんだ。
人間的な楽しみを堪能したい、感情を味わいたいと思うのは自然な欲求。
それをやりたくて、この地球にやってきた存在も少なくない。
眠った状態から目を覚ます、その過程を楽しみたいという魂も多くいるよ。
完全に眠ることだけを選んできた人は、この時代にはとても少ない。
なぜなら、今の地球の次元上昇の磁場において、
眠り続ける方がとても難しいから。

多くの人が目覚めを体験するときが、もうすぐそこに来ている。
感情を感じてドラマティックに遊ぶことができなくなる前に、
力を失った弱々しい自分を体験してみたい、
ミルクレープ劇場のヒロインをやってみたい、
そんな切なる望み、憧れがまだまだあるの。

どうですか?
恋愛も分離の意識があるからこそできることだと知ったら、
名残惜しいでしょ?(笑)。
恋愛はあなたたちにとって、最高のエンターテインメントだから。
悲喜こもごもを感じて、人間ドラマのヒロインをやってみたい
ということを受け入れてください。
いつも創造主の意識状態でいる、
目を覚ましているのがいいわけではないんだよ。
どちらでも選択できるのが、今の地球の醍醐味です。

ユニバーサルサーフィン（宇宙の波乗り）～引き寄せ、現実創造を超えていく

引き寄せの法則や現実創造メソッドを使って、
夢や願望を叶えて満たされてくると、
「現実で一喜一憂するのはもういいな」という飽きた感覚がやってくるよ。
あるいは、どれほど願いを叶えても、喜びが満ちるのは一瞬で
すぐに次の目的に駆られて走り出すパターンに気づいて、
まるで終わりがないラットレースだと感じるかもしれない。

願望には二種類あるの。
一つは、愛のフィールドにいる満ち足りた自分が発する願い。
真我の願いとも言える。
それは純粋な喜びから派生していて、
プロセス自体が喜びなので、結果に固執しません。
願いが叶っても叶わなくても、自分の価値とは関係がないんだね。

もう一つは、欠乏からの願い。自我の願い。
これには渇望を伴い、願いが叶わない自分を
取るに足らない虫けらのように感じちゃう。
しかし、このような願いは、叶ったとしても喜びが満ちるのは一瞬で、
すぐに次の目的に、駆られるように走り出します。
誰かに認められたいがための承認要求からの願いはコレです。

自我の願いを追い求め、「現実を楽しむステージはもういいな」と思えたら、
自らを真我に明け渡し、ただ起こってくることに委ねる
「超意識」の段階がやってきます。
「天（大いなるもの）に動かされる」などと表現されることがありますが、
これは何かに乗っ取られたような状態ではない。
手放しでイマココに在り、宇宙の流れに乗っている――。
ところが、想像を超えた現実が起こってくることがある。

それは喜びにあふれる出来事もあるけど、
ときにネガティブなことも起こる。
目覚めのためには、苦悩を伴う出来事を起こした方が、
もたらされる気づきが多いからだよ。
人生3回分くらいの精神的修養を短い期間でやろうと、
カルマを一気に表面化させる勇気のある魂もいる。

だからもし、目覚めを決めたみなさんの中で、
不幸な出来事に見舞われている人がいたら、安心して。
外側の現実を追い求めることをやめ、内側の本当の自分と繋がるためには、
そのくらい大きなことがなかったら難しかったの。
辛いのは、自我が苦しんでいるだけのこと。
自我の先に行き着くことをあなたの潜在意識が決めたから、
そのための出来事が引き起こされたんだね。
その「試練」に見えることは、

宇宙（大いなる存在）からの、愛のギフト。
順境であれ、逆境であれ、すべて「導かれ」「導いて」起こっている。
ソレが起きなかったら会わなかった人、行かなかった場所とのご縁が
あなたを想像もつかなかったステージへ連れて行くよ。
そのことを信頼できたら、見える世界が変わってくるね！

自我が消えた〝私がいない〟超意識。
その意識で在りたいと強く望んだからこそ、与えられたモノ。
時期がきたら、それがもたらしてくれたものの大きさに震えることでしょう。
そして、これから先は、この「超意識」を選ぶ存在たちが増えてくる。
世界は大きく変化するよ。
ボクたちは、その変革を目撃したくて、地球《ココ》に来ています。

今日は何して遊ぶ？

ミラの挨拶の言葉。「ＥＮＪＯＹ」と共にこの一言は、
宇宙的なエネルギーを届けているよ。
ボクたちは、この地球での出来事をすべて**遊び**と捉えている。
でも地球人、特に日本人は、遊ぶことに抵抗がある人も少なくないよね。
勤勉であることはとても素敵なこと。
でも、勤勉だけが素晴らしいという教育は、
宇宙のサポートを受け、
楽チンに物事を成し遂げることを邪魔するときがあるよ。
ミラのこの「今日は何して遊ぶ？」という言葉で、
平日に友人とお茶をしたり、海辺でビールを飲んだり、
遊びのワークショップに参加するなどのチャレンジをした
ある女性は、人生が大きく変化した。
仕事も勉強も人生の試練も、体験すべてが

「遊ぶ」カテゴリーにあるという気づきが起きたんだ。
そして、過去の厳しかった出来事が、
白黒映像から感動の名作にひっくり返ったそう。
現在の彼女は「仕事も遊び」という意識になって、
かつてないほどの成功を現実化しています。

自分自身を一流ホテルの宿泊者のように扱おう

自分の信じていることが現れるのが現実。
あなたが自分をどう扱っているかが、
他人からの扱われ方に反映されるんだよ。

「自分を一流ホテルの宿泊者のように扱ってみよう。
ゲームとしてやってみると楽しいよ。世界を遊びで満たそう」
仕事現場で、ないがしろな扱いを受けていたFさん。

ボクのこの言葉が刺さり、自分の取り扱いを意識的に大切にした。
例えば、焦らせたりしないで、
ゆったりと自分を扱うように心がけたそう。
ボクのワークの中で、〝女王のティアラを頭にイメージでつけてみる〟
というのがあるんだけど、それをやって皇后陛下になりきってみたって。
驚いたことに、直後から仕事相手の電話が神対応になった。
意識を変えた結果、現実が変化したことを、
ものすごい早さで体験し、感動したそうだよ。

何かを得ようとするときは何かを手放す必要がある

何か（お金）を失う、悲しい別れをする、物が壊れるなどの後、
幸運が訪れることはよくあるよ。
ステージが変わるときに、そのようなことが起こる。
新しい次元にふさわしいものを手に入れるキャパを

広げるために起こっていると言ってもいい。

ある人は、ボクのこの言葉で、悲しみや落ち込みから早いタイミングで立ち上がれるようになったんだって。

仕舞い込んであった古いパソコンを5台一気に処分したら、長いこと病んでいた家族の腰痛が改善して、元気になったという報告も受けたよ。

この地球の遊びは「感じる・味わう」こと！

気持ち、食べ物、体感覚など
感じられるものを、思い切り感じてみよう。
そうすると、身体の中に宇宙があることがわかるよ！

第4章

教えて、ミラ！
お悩み Q&A

◆誰かの悩み相談が自分の身に当てはまることは、けっこうあるもの。ミラとシーラによる公開コンサルライブ配信中に、寄せられたお悩みをご紹介しましょう。

Q

なぜ、私の作品は売れないのでしょうか？

私、歌をやってるんですけど、お金がなくて。でも生み出すって決めたらアイデアが来たんですが、全然売れないんです。その人をチャネリングしてオリジナルの曲を作るっていうメニューで、思いついたときは絶対いけると思ったのに……。（Aさん）

シーラ

これはアーティストとかクリエイターにありがちなことですが……私も作るまでは楽しかったんです。だけど宣伝するのが嫌いだったときがあるのね。商売は作家がすることじゃない、みたいな変なプライドがあったわけ。それで気づいたのは、必要な人のところに届けてまでやって、完了だってこと。

それまでは、数回の宣伝で止めていました。「100万回言わないと人には届かない」

とマーケティングに優れている人も言ってました。そういう宣伝活動も、ミナモトと繋がった意識でやるといいです。あなたは、それをやってないですよね？

ミラ

あなたのその**ワーク**は、世界を喜ばせることなんですよ。でも今は、そのエネルギーが宣伝にのってないです。曲は作ったのですか？

A

モニター曲は作りました。

モニターになってもらった人のために作った曲ですね？ 聞かせてください。（聴いて泣く）めちゃくちゃいいですね！ 素敵な曲!! これ一曲作って、いくらもらっているのですか？

A

3800円です。

!? びっくり!! 桁が二つぐらい違う!! だから売れないんです！ **売れない理由**

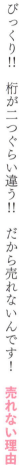

は、価格設定が無価値感すぎるから。自己評価が低すぎるから。これ、30万円でも払う人いると思います。

受け取れなくて……。モニター協力してくれた友だちが「お金払いたい」って言ってくれたんですけど、3000円いただくのも抵抗が出て、そのときに自分の受け取れる器の大きさが見えたんです。おちょこぐらいしかない。

売れないって言うから、相当高いのかなって思ったけど。**価格とクオリティが合ってないのが売れない原因**です。だって、私がサイトに行って値段が3000円だったら、頼まないです。「そんなちゃちい曲いらない」って思う。だけど、あなたの作った曲のクオリティは素晴らしいです。

受け取るにはどうしたらいいかだけど、許可を出すことと、あと、自信があるでしょ、自分の曲に。とってもいい曲ですよ。今、この配信聞いてる人、みんな号泣して……「天才が現れた」って言ってます。これからは10万円以下で売らないでください。

A

一発録りの弾き語りなんですよ、これ。なのに、いいんですか？

インスピレーションで物事が起こるときは、非常に簡単です。なのに、地球のみなさんは、苦労したらお金が多くもらえるという幻想を持っています。

その才能を、無価値観でダメにしないように。お金をもらうってことは、循環させるってことだから。正直言って10万でも安いです。ただ、いきなり上げても受け取れないと思うから。
私が聞いた感じでは、相当な才能があります。本当に自信を持った方がいいです。

クオリティと金額がマッチしていないと、絶対に売れないです。商品も金額も独自の周波数を発しているので、それが共振共鳴しないとお客様のところに飛んでいきません。

A

はい……。

一丁あがり。

また、それを言う！

この後、Aさんのところには「曲を作って欲しい」という注文が殺到しました。
現在、彼女はアーティストとして活躍しています。

Q

自分が何をしたいのか、わかりません。

今まで生きてきて、自分が何がしたいのかわからなくて。やりたいことを思いついたりするんですけど、実際行動まではいかないです。（Hさん／♂）

行動しないのはなんで？

H

「行動して、それじゃなかったら？」っていうふうに思っちゃう。

失敗が怖いの？

H

それもあると思う。あとは周りの目を気にして、自分らしく行動できないというのが、あったりします。

こんなこと絶対私は言いたくないんだけど、ミラが言うからそのまま言うから傷つかないでくださいね。「かっこつけてる」って。

H

あ、それ、妻に言われる。

あなたがなぜ、失敗することを恐れているかというと、見え方を気にしてるんですよね。ズッコケる姿を誰にも見せたくないんです。だけど、あなたの魅力はズッコケたときにあるんです。そのときに、ファンが増えると思った方がいい。

みなさん、そう思いませんか？　この紳士、かわいらしいですよね？「かっこつけすぎ」って言われたときに、ハッと「バレたか」と焦った今の感じ、魅力が出てるよね。そういう人なの。

だから、かっこ良くいようとする美学を手放してください。勇気が必要かもしれないけど。今までそれで成功してきているから、ズッコケた姿を見せられないって思っているでしょうが、でもそれを見せた方がサポートが入ります。

人の助けを受けたくない、手を差し伸べられたくない気配を放っているから、誰も手が出せない。あなたの周りには、あなたを助けたい、あなたと一緒に遊びたい魂の存在たちがいっぱいいます。目に見えない宇宙の存在たちも含めて。でも、あなたが頑なに「俺一人でできるから」とかっこつけてるので、誰もあなたに近寄ることができないのです。

ブザマでもいい、転んでもいいと、がむしゃらに挑戦を始めたとき、大きく変化します。あなたが挑戦をしないのは、「かっこ悪いところを見せてしまうんじゃないか」「失敗したら恥ずかしい」。そういった大きな概念があるからです。

でもそれは、あなたのものではないです。これは多くの人に共通なのですが……あなたの親があなたが失敗することを恐れ、あなたに優等生でいて欲しかったんです。あなたは、それに応えてきた人生だった。

だけど、もういい加減、あなたのそのやんちゃ坊主な部分を解放してあげてください。失敗を恐れずに冒険をしてください。人の目を気にしそうになったら、がむしゃらにやってみる。それが、とても勇気がいることは、ボクたちにもわかります。今まで、男性に特有の社会的制限の中で、あなたがうまくやっていらっしゃったことも。

But!! あなたが枠を超えて行きたいならば、そのことをやってください。今のままだと、まぁまぁな人生だけど、爆発的なあなたの魅力は出ません。

インスピレーションがきたとき、全力でやってみて。がむしゃらにやることが大事です。全力でやり始めたら、真実と違うことはすぐにわかります。恐る恐る行ってたら、わかりにくい。浮かんだら、とりあえず行動してみる。なぜなら、あなたはインスピレーションに繋がっているからです。頻繁にインスピレーションが来ていますよね？

H はい。

それに、あとは従うだけです。でも従ってないから、次が見えないのです。

私は今までやりたいことはやってきたけど、結果が見えないインスピレーションには従わなかったんですよね。なぜかというと、面倒くさいし、お金もかかるし、得にもならないムダなことに見えるから。

でも、いいことが起こるという保証がないインスピレーションでも動いてみたんです。二年前、ロサンゼルスに演劇留学したときに、高い家賃を払って部屋を借りているのに、〝ホテルに泊まれ〟という直感が来ました。自我は「あり得ない」と思ったけど、勇気を出してワクワクするホテルに泊まりました。正直嫌だったけど、やってみたんです。

そうしたらそこで、何個かの非常に面白いアイデアがやって来ました。そのチャレンジをしないと起こらないようなインスピレーションと体験がやって来たんです。

それは、お金を稼ぐビジネスのアイデアでした。

ここで大切なのは、最初からお金が稼げるという勝算は全く見えなかったことです。ただ単に、浪費するだけのようにも見えました。でもやってみた。だから、次の扉が開いたのです。

あなたは、もうやってみるしかない段階にきています。最初は、頭の中がうるさく邪魔することを言い始めるでしょう。「そんなことをやったら損するぞ」「失敗するぞ」「奥さんに『ムダなことやって』と言われるぞ」、子どもがどうのこうの、社会がどうのこうのって、頭の中で止める声が騒ぎます。

そのときに、「ちょっと待って、やらせてみて」って、その批判的な声に言ってください。やってみたら、体験がその意味を教えてくれます。これは、この一見、バカバカしいチャレンジをやってみた人しかわからないことです。

シーラは、あの体験で、バーンと周波数が変わりました。どういう周波数を発しているかで未来を形作っていくから、シーラの現実は、チャレンジしない前の未来から、一気に違う未来へとシフトしました。

今のあなたは、インスピレーションを受け取っているのに、動きません。インスピレーションの欲求不満状態。インスピレーションの受けとり口は開いているのですが、小さな欲求さえ叶えていません。面倒くさがりなのですね。

もしかしたら奥さん、文句言っていませんか？

H：そうですね。「なんでやらないの」って文句を言われてます。

自分の欲求を叶えてないってことは、奥さんの欲求も叶えてない可能性が高いから。

パートナーの欲求を叶えられる人は、自分の欲求をちゃんと満たしてる人なんです。

あなたは、まず、いい格好ができるとき以外は動かないという癖がある。それを手放してください。

結果が見えないからこそ、大きな面白さがあります。今までのあなたは、大きな結果、大きな成功があるときにしか動かなかった。だから、この女、絶対落ちるという女にしか手を出さなかった。クックックッ（笑）。

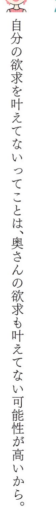

多くの男性がそうだけど。だから女の人たち、口説いてもらいたかったら、大きなサインを出した方がいいです。そうじゃないと、男の人は臆病だから手を出してくれないから（笑）。

Hさんより／初回のコンサルは大勢の人が聴いてて、恥ずかしい気持ちでした。それが今では、周りを気にしないで楽しいことをしようと行動するようになりました。少しずつですが、自分がやりたいことが明確になってきました。本当の自分を出せるようになったのも、しーちゃんとミラのおかげです。愛のあるメッセージをありがとうございました。

Q

いつも二番で一番になれません。

今悩んでるのは、最近素敵な男性が現れたんですけど、その人は結婚していて。二番目でもいいから、好きになってもらいたい自分がいます。前の結婚のときも夫には好きな人がいたけど、二番目に好きだった私に決めました。一番になれないいんです。それは人だけじゃなくて、仕事でもいつも二番手。今までは二番が楽だからいいと思っていたけれど、もうそろそろ大きく飛躍していきたいのにうまくいかないいんです。（Nさん）

笑。なんで笑ってるかっていうと、何かね、〝フリ〟しているようにしか見えなくて。演じているようにしか。

「私は二番にしかなれないいんですぅ」って、すごい深刻さで二番のフリしてるけど、もうその手には乗りませんよって感じです。バケの皮が剥がれましたね。はははは（笑）。

ちょっと話ズレるけど、今、コメントが入って。この配信聞いただけで、歩けなかった人が歩けるようになったらしい。腰痛で歩けなかったのに。

次元が上がって重い周波数がパンツて外れたので、そういうことが起きたんですね。Nさん、あなたもボクたちにバケの皮剝がされたので、一瞬で変わりましたね。

一番になりたいって望んでいいんですか。

結婚してる人の一番になりたい？　要するに、略奪したいってこと？

そうです。妄想の中でイメージしていれば、叶うのかなと思って。

いや、根本が違うんです。深刻さの中で、私は一番にはなれない女、という仮面を被って、ドラマの主人公をやっているわけよ。「一番になれない女」っていうタイトルのドラマのヒロインを演じているんです。

で、そのドラマはどこが終着点かっていったら、一番になるのがクライマックス（笑）。だから、もうその思い込みをやめることですね。

思い込みがあるっていうのはすごくわかった。それは、どうやったら外れるんだろう？

私は一番にふさわしい女。

それをずっと唱えてる？

思い込みのシートはワンシートです。「私は二番にしかなれない女」と思っていたら、「私は一番にふさわしい女」とは絶対思えないはずです。ということは、「一番にふさわしい女」と思えたとき、「私は二番」というのはなくなります。

現実を直視したら、思い込みに気づきます。「二番にしかなれない女」だと現実が教えてくれたら、「じゃあ、書き換えよう」って。書き換えは簡単です。それが**思**

い込みだと気づいたときに、95％終わっています。あと5％です。

これは俳優の役作りと同じです。今までは「一番になれない女」って役を生きてきたんだけど、これからは「一番にしかならない女」。

ボクはいつも「自分の感覚を信じて」と言っていますが、この場合は、自分の感覚は信じないでください。あなたの感覚は、思い込みで誤作動を起こしているから。

それを、一つひとつ変えていくんです。〝クソ女〟と思っていた自分を、これからは大事な人にするんです。「今日から私は、一番にふさわしい女」

一番にふさわしい女は、奥さんのいる男の人が好きなんですか？　ってことです。首振ってます？（笑）。今日から自分の中で、「一番にふさわしい女だったら、この食べ物買うかな？」ってやってみて。

一番にしかならない女は何を選ぶのか？　どんな喋り方をするのか？　どこに身を置いているのか？　友だちは誰なのか？

今まで、二番にしかなれない女で生きてきました。そのタイムラインから、一番の女にピョンと簡単に移れます。その変化を楽しんでください。エンジョイ！

Q いつもチャンスのときに、子どもが病気になるんです……。

いつもいいところで、子どもが熱を出してチャンスを諦めることになるんです。今日もそうで、これが終わったら迎えに行かないと……。（Lさん）

あなたは、自分がワクワクして楽しいと同時に、罪悪感を生み出すシステムを搭載しています（笑）。

聞いているみなさん、笑っていますけど、これLさんだけじゃないですよ。多くの地球人が持っています。「自分だけ幸せになっていいのか？」という恐れも。

これは、「人よりも目立ってはいけない」「秀でてはいけない」という思い込みからきています。「目立ったら叩かれる」、そう固く信じているのです。

Lさんは、「楽しいことが起きたら、悪いことが必ず起きる」という思い込みも持っていて、それが物事を引き起こしています。子どもを理由にしてチャレンジをやめている、という側面もあります。

あなたはとても自信ありげな女王さまに見えるのに、自分の内側では、臆病な小さな女の子がいつもビクビク人の顔色を見ています。やりたいことをやろうとするときには、酷い重圧を感じます。

だから子どもが熱を出して、そのチャレンジをやめないといけなくなったとき、心のどこかでホッとしています。

認められますか？　何事も、まず自分が現在やっていることを認め、受容するところから始まります。

一方、子どもの側からみると、お母さんに注目して欲しいときに病気を作り出すことが多いです。

L

それで思い出したんですけど、私、四人兄弟で母にかまってもらえなかったんです。

でも、風邪をひいたら母が保育園に迎えに来て、二人だけの時間を持てるので、わざと熱を出していました。

さすが。あなたは自分に力がないように感じているけれど、子どもの頃は熱をコントロールする力をも持っていたんですね。

お子さんが熱を出してあなたを引き寄せるのは、まさしく、あなたが子どもの頃にやっていたことです（笑）。実は、こういうお子さんは結構多いです。だから子どもが熱を出したときはオロオロしないで、お子さんのパワーを信頼するといいです。

（スマホを見て）……。

どうかしましたか？

保育園から連絡があって……、子どもの熱が下がったそうです。

驚いていますね。でも、これは普通のことです。カラクリがわかったら、現実は変化します。自分にとって、その現実である意味がなくなるからです。

変化早すぎっ！

近しい人は、自分の変化が反映されるのが早いです。エネルギーレベルで強く繋がっていますから。

子どもを理由にして、やりたいことを止めるのはやめます。

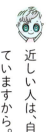

あなたの中で眠っていた「やりたいこと」が動き出しますよ。あなたは心のどこかで、「子どもが小さいときはやりたいことはできない」と諦めていたから、芽さえ出さずにいた願いがたくさんあるんです。それが目を覚まします。楽しんでください。

兄が精神疾患を患って、ホームレスのようになっています。

精神を病んで、ホームレスのような状態になってしまった兄が、我が家の相続をすることになるのですが、大丈夫なのか心配しています。（Sさん）

自分ではどうしようもない、手を差し伸べても変わらないような、そういう〝固い現実〟というのがありますよね。でも、そう感じているだけで、本当は変わらない現実はないんです。

「解決をしないといけない」と焦るとき、現実に意識が向いて、わけがわからない状態になります。それが、今、あなたに起こっている。

今のあなたの深刻さ……、それは、あなたのようなドラマを創る人にとっては、とても大事なピースなんです。あなたのような状況で、深刻さをなくしてくださいというのは、非常に難しいというのはわかっています。

でも、ボクたちから見ると違いはないんです、軽い事象の人と。子どもが熱出して、どうしたらいいんでしょうと言ってる人と同じです。本当に、ただ中立な状態なんです。ただ熱が出てる。ただお兄さんが精神疾患を患っている。ただホームレスのようになっている。

何も悪いことは起きてないんですよね。そして土曜日のこのクラス、スイートな甘くて軽いクラスだからこそ、シェアされていることだと捉えています。これは大事なコントラストです。15人のメンバーがいる中で14人が軽くいられるのは、1人の重い人がいてくれるからです。

この二元の世界においては、コントラストがあるということを覚えておいて欲しい。集合意識の闇の部分を、あなたが代表して、それを体験しているんです。そしてこのレベルは、ミルクレープを作っているというレベルじゃないです。表面的には「ミルクレープ劇場」をやっているように見えるんですよ。でも、もっと深い。役割って言うと深刻な感じがしてしまうのですが、あなたがバランスをとる重要な役割をしているんです。そしてそれは、あなたのやりたかったことなんです。

この15人のうち14人が軽くなっているから、重い人がいてバランスが取れるんです。全員15人が軽くなるのも素晴らしいように見えるけれども、実際はそんなことは起こらない、この二元の世界においては。普通、みんな隠すんです。そうして、綺麗事で終わる。

でもあなたは、まだこういう重い宿題を背負ってることを明らかにしました。これはみんなにとっても、次のステージに向かうためのギフトになります。

そして、背負ったものが逆転したときの光はすごいですよ。安寧な道よりも、とてつもないことが起こってきます。これからは、聖なる存在と繋がったものすごい至福のところに行くと思います。

S このまま進んでいいってことですね？

そうです。重い自分の現実に対して、現実創造がうまくいってないと一切考えないでください。そこに対する無価値感、罪悪感は不要です。

S 「おまえもいつか絶対おかしくなる、あの家で育ったんだから」って、兄に言われた言葉が忘れられなくて、罪悪感や不安が押し寄せてくるんです。

それが幻想です。それはとても浅いレベルでの見方です。あなたがやろうとしていることは、もっと深いところを担っています。潜在意識の中の闇の解放です。闇の表現者がいないと、光の表現者も存在できません。使命という固い表現だと別物になってしまうのですが、そこをふざけて遊んでください、その重い現実を。

それからあなた、そしてみなさんにも伝えておきたいのは、ここであなたたちに学んで欲しいのは、**慈悲**ということですね。多くの人たちが、現実は自分が創っているという意識に立つとき、重い宿命のような現実を創っている人に対して、〝まだそんな現実をやってる、遅れている人だ〟という見方をすることがあります。けれどもそれこそが、あなたのエゴです。あなたに見える現実は、すべてあなたが創ったものです。Sさんが創っているこの重い現実、それもあなたが創っているのです。どれほど悲惨な現実も、それを見ているあなたたち一人ひとりが創造したのだということを思い出してください。

そしてあなたの世界で、Sさんがどうなったらいいのかということを観測してあげてください。その〝チカラ〟が、今日、Sさんが自分をさらけ出してくれたおかげで得るギフトです。

どれほど悲惨な現実を創っている人がいたとしても、それはあなたの現実創造です。あなたの世界に見えるもので、何一つ例外はありません。そしてそれに対してサポートしたいと思ったら、あなたの世界で、その人がどんなふうになったらいいのかということを、自分の中で見てください。

ありがとうございます。

シェアをありがとうございます。難しいこのレベル、なかなかここまで行けないと思う。きっとこの話は、理解できない人も多いかと思います。

今、奥底から響いてきました。入ってきました。ありがとうございます。

Sさんの課題は、シリアスな現実だったとしても、ふざけて遊ぶという角度を持つこと。深刻にならないってことですね。

もちろん、深刻にならないと「ミルクレープ」は作れないから、そういうことをやってもいいですよ。けれど、もしあなたが今回この生でやろうとして、あえて選んできた目的を達成したいなら深刻さを使わないで、その現実とともに一緒にいてください。

その現実を変えようとしなくていいです。ただの中立な現実。深刻さを使わずに眺めていたら何が起こるのか、見ていてください。

反対に、楽しくしようとか、ポジティブになろうとかも必要ないです。ただ自分自身と一緒にいて、自分自身から湧き出ている感情、悲しみと一緒にいる。そうすることで、自分自身との深い繋がりを取り戻していけます。
すると自分の中から、「なぜ、このことを人生で起こすことを決めてきたのか？」ということをも、思い出します。そしてそれが起きたとき、あなたは深いレベルで人をサポートできるようになるのです。

S

すごい。鼻水が垂れちゃう。なんか重くてすいませんって思っていたけど、救われました。

それから相続の問題ですが、そんなに長い時間かからずに解決します。解決の次元にあなたが行くので。

S

みんなが楽しく会話が終わるのに、自分だけこんなんじゃ申し訳ないと思っていました。

だからみんな、ごまかして言わないで終わることが多いです。でも、ちゃんと自分を開いて見せたSさんだったから、その先のものを私たちも読み解けたのです。私にとっても、すごいギフトでした。このレベル、なかなか起こらないもん。本当の音って素晴らしいね。

あなたたちが創ったものに何一つ、無駄なものはありません。あなたたちミナモトから出てくるものに、何一つ無駄なものはありません。

S

人生の50年が報われました。

まだまだこれからよ。ものすごいご褒美がやってくるから。これからは、至福の人生になるから。だから、受け取る準備しといてね。無限の至福を受け取る準備。約束してきたお役目はもう果たしたので。

S

やった！　ありがとうございます。

Sさんより／ミラの予告通り、無事に相続の問題も解決し、自分の表現を楽しむ日々を送っています。私が創ってきた重量感のある現実を「この世の理」だとミラは言ってくれた。〝人並みな経験が欠如しているダメな私〟から〝スペシャルな経験を選んで、体験する悦びを表現している私〟に置き換えられた。出会ってくれて、伝えてくれて、ありがとう^^

Q ある人のことが嫌いなことが辛いです。

あなたがその人から、今までされたことのないような仕打ちを受けたと感じているのはわかります。ただ、あなたは**被害者ではありません**。

その出来事も、あなたが自分自身を目覚めさせるために起こしたのです。その人も、あなたをサポートするために、その人の潜在意識が同意してやったことです。

シーラのお父さんの話を例にしましょう。

私は、幼いときからしつけと称した虐待を父から受けました。長い間、父を憎み、怒りを覚えてました。

ですが、ある日、変性意識に入ったときに、地球に生まれてくる前の光景が見えました。私は今生、とても酷い無価値感を抱いた状態「自分はダメ」という自己評価の低いところから、パワーを取り戻していく姿をみなさんに見せることで、人類の目覚めを応援したいという望みを持っていました。

ですが、地球で生まれたての私の魂はプリプリの完全無欠です。その私の魂に分離の線を入れて、自分はダメだと信じるようにする必要がありました。そこで、宇宙から地球に向かって呼びかけました。

「誰か〜、私を虐待して、自己評価を下げる手伝いをしてくれる人はいませんか〜？」

ある存在が手をあげたのが見えました。それは私の父でした。そして、私は父の元に生まれました。

そのことを思い出したとき、私は父の深い愛情を受け取りました。自分が憎まれる悪役になっても、私の魂の願いに応えてくれた。そう思ったら、泣けて泣けて涙が止まりませんでした。私は、父を完全に許しました。

この話を知り、そんなことあり得ない、と思う人がいるかもしれません。でも、これが本当かどうかは別にして、私が愛を受け取れたこと、私が赦しの気持ちになれたこと、それが大事だと思っています。

あなたが嫌っているその人も、お互いに気づきを得るために、共同創造を起こした愛の存在なのです。それを愛の存在として見るか、忌み嫌う相手として見るかで、あなたの感じ方は違ってくるでしょう。

自分に戻っていこうとするときに、愛のエネルギーを使う方が早いです。だからといって、その人が嫌いという強烈なネガティブエネルギーを否定する必要はありません。なぜなら、ボクたちから見たら、あなたはその人自身を嫌いなわけではない。そのとき、その瞬間が嫌いだっただけです。

嫌いな状態を点で捉えると、嫌いな人は誰一人いないのです。

嫌いでいいんです。そこだけ嫌い！　思いっきり嫌ったらいい。

嫌っちゃいけないと思っているから、長引くのです。

その点が嫌いなだけ。

誰かの一部が嫌いになって、その人の全部を否定する人がいますが、ボクたちから見たらナンセンスです。人というのは嫌うところも好きなところも、人類すべての人が持っていますから。

Q 認知症になるのは、なぜですか？

認知症になる人たちというのは、強烈に忘れたいことがある人たちです。受けた心の痛みを覚えていたくない、向き合いたくない思いが強いときに、忘れるということが起こり始めます。
もしあなたたちが、**地球は感情を感じて遊ぶ「ミルクレープ劇場」**だと認識し、感情をジャッジせず、痛みに対して勇気をもって向き合うとき、痛みは溶けていきます。すると、〝感じたくないから忘却のかなたに逃げ込む〟ということはしなくなります。

認知症というのは、感情に向き合うのが怖くて、忘却のかなたに逃げ込んでいる人たちに起こる現象なのです。

Q 認知症やボケにならないためには、どうしたらいいですか？

目覚めていれば、ボケることはありません。明晰な意識のもとでは、眠り（認知症というのは一つの眠りと捉えることができます）は起こる必要がないのです。

そして、あなたたち人間はボクたちから言うと、常にボケている状態なんですね（笑）。あなたたちが目覚めるとき、そのボケの雲が晴れていくのが、ボクたちには見えています。

Q スピリチュアルな情報を拒絶する人に対しては、どうしたらいいですか？

拒絶している人は、怖がっている状態です。その人が〝恐怖はただの幻想〟だということに気づく必要があります。

拒絶しているときに、こちらから無理にこじ開けようとすると、その人はますます恐怖を覚えてしまいます。それはそうですよね、ボクたち宇宙の存在を、あなたたちも恐れていますよね。

この人、シーラは「もっと近い状態で会おうよ」と言いますが、この人の中に恐怖がある以上、ボクたちは近づきません。なぜかと言うと、ボクたちが送り出す情報を有益に使って欲しいからです。そのためには距離感が必要です、今は特に。

ボクたちが無理やりあなたたちの前に現れることをしないように、拒絶している人たちに対して、居心地の良い距離を保ってあげてください。愛をもって。

愛は怖れの何万倍もの力があるので、徐々に怖れを溶かしていき、拒絶もなくなります。

Q 闇と向き合うことと、楽しい笑いの中にいることの両立はできますか？

できます。できないと思っているのは、あなたたちが闇というものを誤解しているからです。闇は嫌なものという、人間界の二元での理解があるからです。

しかし、重くて深い闇の感情に溺れるのは、とてもエクスタシーな地球の遊びです。地球人の少なくない人たちが、闇のトンネルにあえて入って行き、負の感情を感じるという、非常にマゾヒスティックなことをやっています。

そういう痛々しい方法をとる方が目覚めるために早い場合もあるし、ショックな出来事を起こすことで、目覚めのゴングが鳴ることもあります。

ですが、光が強くなった今の地球上において、それをいちいちやっていたら体がもたない。あなたたちが今まで封印していた闇、邪悪なもの……ボクたちから見ると

「善」も「悪」もないんですけどね……それらはただの側面、プラスとマイナスのようなものですね。それが統合され、その先の「ONE」に抜け出るために、闇が出てきているのです。

そして、そういうときに「あ、そうなんだ！」と、ただ天啓のように簡単に気づきが起きて、「ONE」という愛の次元に行ってもいいんです。今後はそういう人が増えてきます。

あなたたち人類には、悟りを得るには修行、苦しみが必要だというある種の思い込みがあって、それが〝闇のトンネルをくぐらないと光がある場所に出れない〟という体験を引き起こしてきたのです。

もし、もう闇のトンネルの中でひたすら苦しみを感じ続けるのに疲れたなら、指を鳴らすようにピカーン！「あ、そうなんだ！」という天啓を使って、軽やかに抜けて行ってください。

天啓と共に、「ONE」に溶けてください。

Q 2025年に大きな災害か何かが起こると多くの人が予言しています。この「2025年問題」について教えてください。

まず、予言というものについて話をさせてください。

予言というのは、今この瞬間の周波数の延長線上で起こりうることを予測しています。そのため、何通りもの未来が観測できます。そして、今この瞬間の周波数が変わると、当然、予言も変化していきます。

現時点でですが、ボクたちは2025年の秋くらいから新しい文明の兆しのエネルギーの波を感じています。新しい文明が始まるときというのは、夜明けのようなものですよね。そして、夜明け前は一番暗いです。だから、現実的には、ネガティブに見えることが起こる可能性が高い感じがします。

そして現在、多くの人が現実のスクリーンに入り込み、現実を変えようとアタフタしています。今後、その傾向はさらに増していくでしょう。

しかしボクたちは、それを決してネガティブに捉えてはいません。なぜなら、あなたたちが創造のパワーを生み出すチャンスだからです。

良きことが起こる前、いったん落ちる経験をすることが多いですよね。一回落ちて自分と向き合い、そして肚を決めるんです。「私はこうする！」って。

危機感があることで、「ああ、もう嫌だ、こんな現実！」「絶対こういう方がいい！」と肚を決めることができます。今までは、人や環境のせいにしたり、自分のパワーを使うこともなかった人たちが「理想の世界を創り出すパワーを自分に戻すぞ！」と肚決めすることが集合意識レベルで起こるんじゃないかと思います。

では、具体的にどうしたらいいのかっていうことなんですけど、「大変なことが起こる」「災害が来るかも」「経済が危ない……」、全部失ったらどうしよう」とか、そういうことを頭の中でグルグル考え始めると、そっちに引っ張られます。

このグルグル、マインドを止めたらいいんです。不安や恐怖に押しつぶされそうなマインドを止めるにはどうしたらいいかというと、最適なのは**「今この瞬間、イマココに戻ること」**。

どんなに不安だったとしても、恐ろしかったとしても、その感情はただの周波数だと捉えて、「こういう周波数を持ってるんだな」と傍観者のように眺めてみてください。すると、感情を感じている自分と、それを観察している自分との間に隙間ができます。

その状態で、ソースの磁場の上で深呼吸し、不安を感じている現実のスクリーンから抜け出て、イマココに意識を戻します。

不安や恐怖を感じて騒ぐのは自我《エゴ》ですが、イマココに在ると高い意識に戻れます。イマココにいるときだけ、宇宙と繋がれるとも言えます。

どうですか？　今この瞬間、この本を読んでいますよね？　ってことは、結構平和ですよね？　食べ物もあるし、飢えてないし、あなたの世界は平和ですよね？

もしかしたら、問題はあるかもしれないです。貧乏かもしれないし、病気かもしれないし、人間関係で悩んでいるかもしれません。

でも、今この瞬間はどうですか？　今この瞬間は、何にも起こってないですよね？　外側がたとえ暴風雨だったとしても、意識を内側に向けるとどうですか？

内側の静けさを感じられませんか？

「2025年問題」で怯える前に、ぜひ思い出してもらいたいのは、たとえネガティブな出来事が起こったとしても、それはコントラストであり、**創り直すことができる**ということです。

現実は過去に発した周波数で創り出したホログラムにすぎないので、今起こっているものではないということを、明確に意識しておいてください。

同時に多くの人が体験する災害のようなことが起こるのは、不安や恐怖などが出てきたときに、それを周波数と捉えずにいたからです。その周波数が時間差で現実化を起こしている、ただそれだけなんです。

例えば、最近で思い起こされるのは、コロナ禍ですよね？　あのときに、湧き上がる不安や恐怖が〝ただの周波数〟だと捉えた人が、どのくらいいたでしょうか？あのとき、人々が出した不安や恐怖の周波数が、未来を創ってもおかしくないですよね？　ということは、今、未来を心配していたとしたら、未来において心配する現実を創り出します。

今この瞬間、自分の内側が平和で調和に満ちていたら、不安な現実は映し出さないです。たとえ映し出したとしても、混乱とは関係のないところにいるでしょう。

なぜなら、**自分が創る宇宙**だから。それぞれみなさんの宇宙があって、創り出す世界というのは人によって違っているんです。しかし、人は集合意識で繋がっているから、その影響を受けます。

でも、自分の宇宙の中で調和に満ちていたら、集合意識の影響を最小限に抑えるどころか、集合意識に影響を与えることができます。あなたが、何があっても大丈夫な周波数にいたら、それは集合意識に影響を与えて、つまり、起こるとされている未来をも変えられるということです。そのように、外側の現実に影響されることもなくなっていきます。

不安や恐れで混迷を極めているときに、ボクたちが、「いいね、いいね、全部ミルクレープだね」「自分の中整えたら全部終わるよ」って音を出したら、みんな安心するでしょう？　これからは、あなたたちがその役目をするのですよ。

ここで深呼吸を一つしてください。

「2025年問題」で不安や恐怖が湧き出たら、イマココに意識を戻し、内側の静けさと繋がってください。その調和に満ちた周波数が外側に映し出されていきます。

そうすることで、多くの人が自分自身に戻っていきます。ミナモトというか、神さまというか、高い意識とか、ONE、宇宙、真我、いろんな言い方ができますけど、「ソレ」で「在る」。

2025年は、人類にとって非常に大切な「ソレ」を思い出す大きなきっかけになると、ボクたちは感じています。

大きな豊かさ《アバンダンス》がやってくる、その変革のフェスティバル。

ときに嵐のように見えるかもしれませんが、これは確実に、地球史上最高のお祭りです。ボクたち多くの宇宙存在は、それに参加したくて、地球サポートに来ています。

第5章

ミラとスターシードの特別な繋がり

ENJOY!

地球にやってきた優しくて不器用な仲間たち

私、シーラがミラのメッセージを伝え始めてから、二年半が経ちました。

最初、インスタグラムでミラをチャネルするイタコ芸（笑）を披露した日から、YouTubeで発信をしている現在まで、ミラを通してたくさんの人に出会いました。

その多くが、スターシードだと感じています。スターシードの人たちは、私自身もそうですが、ある感覚は研ぎ澄まされているけれど、この煩雑な実社会に慣れなくて苦労している印象です。なぜ、こんなにも生き辛いのか苦悩している人も多いです。

例えば、人のハラの中がわかるので、本音とは逆の表面的な会話に苦痛を感じたり。その状態がキツすぎて、感覚を閉じてしまい、驚くほど鈍感になっていることもあります。

優しく共感能力に長けていて、不器用でどこか少しおかしい（笑）、チャーミング、という共通点もあります。

そんな仲間たちに、ミラからメッセージが届きました。

スターシードのみんなへ

あなたたちが自分で認めるか認めないかにかかわらず、あなたたちの魂は、この地球の、人類の変革のサポートのために、ここに降りて来ています。

にもかかわらず、地球に生まれた時点で、その魂の目的をほとんどの人が忘れました。

この地球が、自動装置のように忘却させるからです。

そしてスターシードたちにとっては、地球のルールに沿うことが重い鎖で繋がれるように感じて、とても難しかったのです。

深い絶望感、「自分には何もできない」という無力感を感じた魂も多くいました。

そういう、たくさんの転生でも持ち越してきたものが統合・解放されるために、一見、酷く見える現実を創り出していることもあります。

この本を読んでいるみなさんは、

大きなショックのような現実を創ったことがあると思います。
そのことがきっかけで、こういう意識の勉強を始め、
今日に至っている人も多いですよね。
それらの体験はすべて、あなたがスターシードであり、
人類の意識の最先端を行く人だからしています。

まだ出来上がっていない道を初めて行く人は、
常に、ある種の困難がつきまといます。
でも、覚えておいてください。
困難があるがゆえに、ボクたちのような存在、
そして同じ仲間のサポートがあるということを。
あなたがたった一人でやるのではない。
志を同じくして地球に降りた仲間たちと一緒にやっているのです。
まだ出会っていなくても、あなたたちスターシードの魂は強く繋がっています。

また、居心地の悪い感覚は、自分のものではなく、
人類の意識を統合するために、あなたが代表して、
集合意識を感じている可能性も高いです。
今この時代は変革期を迎え、あなたたちは
〝自分は何者であり、この星になぜ来たのか？〟
ということを思い出すときが来ています。
あなたたちがこの星に来た理由を思い出すサポートのために、
この本は書かれています。
あなたたちは、人類の目覚めをイグニッション（点火）する役目を宇宙から携えて、
この地球に転生して来たのですよ。

そしてボクたち宇宙の存在は、自分が何者であるかに気づく許可をした人に、
個別にアプローチし始めています。
あなたたちの許可が、ボクたちへの招待状になるんですね。
あなたがまず、自分自身に許可を出してください。

もう自分はスターシードとして、この変革のフェスティバルに参加するのだ、
もう隠れないという、自分の意思を明確にしてください。

「スターシード」という音には、**目覚めの響き**が入っています。
自分がスターシードかどうかに関係なく、
スターシードという音を、自分の体内に鳴り響かせてみてください。
あなたの中にあるスターシード〝星から持ってきた種〟が花を咲かせるでしょう。

＊

ここからは、ミラに出会って人生が大きく好転した人たちの声をご紹介します。

他人に正解を求める世界から、自分自身を信頼する世界へ

――古田知子

ミラに初めて会ったとき、それまで「社会に対して何かしなければいけない」「お役に立つのが私の務め」という意識でいたのに対し、「あなたの魂の質は無邪気な子ども、ボクみたいな宇宙人。地球には体験をしに来ただけ」と聞いたとき、身体の力が抜けました。

気負っていた物がとれた感じで、しかもこの真面目さが身についたのは「学校教育でみんなの真似をした」ことによるもので、「それまでは全部知っていた」のだと教えてもらいました。なのに、それを忘れて生きてきたのかと唖然とするとともに、ホッとして涙が出ました。

確かに当時は、土日休日もなく仕事に明け暮れ、有給すらほぼ使わなかった状況でした。それが今では、有能な若い子たちが責任ある仕事をしてくれて、私は年間の有給をほぼ使い切り、定時で帰宅できるようになりました。

自分自身の身体が「気持ちがいい」と感じられることが自分にとっての正解であっ

て、身体の感覚を麻痺させて悲壮感で働いていたのも過去生の影響によるものだとわかったのが、とても大きな収穫でした。それまで自分が何をしたいのかよくわからず、自分の感覚も信じられず、いろんなことが決められませんでした。でも、それらの原因がわかって、会社での働き方が大きく変わりました。会社を辞めないと辛いという思い込みすら消えて、職場にいながらも軽く生きられるようになりました。

一番変わったのは、自分自身に対してお金を使うことと、遊びに対する許可を出せたことです。これまでお金を使うことを制限することで、自分の行動範囲を制限していました。人に対しては使えるのに、自分自身に対しては、親や会社が納得する言い訳をしないと行動できませんでした。それが、出かけることを伝えられるようになり、外見や洋服にお金を使えるようになりました。

娘の行動を制限しないようになったし、応援できる自分でいようと思えるようになりました。そうしたら、娘も好きなことを自由にやるようになりました。

おかげで、体験する世界も知り合う人も大きく変化しました。ミラに出会い、他人に正解を求める世界から、自分自身を信頼する世界へと変わり始めました。進んだり戻ったりしながらも、振り返ってみれば、こんなに変化してました。

ミラ&シーラ、ありがとう！　最高です！（いいね♥いいね♥）

不運を嘆いてた自分が次々チャレンジし、事業が大躍進

――平栗布海

私は今、自分を信じることができています。そしてとても穏やかな、安寧の境地に留まることができるようになりました。自分がやりたいことは何でもできる、と確信することも。

以前の私は、幼い子どもたちの病気や死別、稼業の低迷や親族が抱える深刻な問題に巻き込まれるなど、不運な出来事が次々起きては、それをなんとかしなければといつも焦りの中にいました。真面目に一生懸命努力してきましたが、一向に改善の兆しは見えず、自分の行動や選択についてすっかり自信を失い、心労し、嘆きを他人に吐き出してばかりで、自暴自棄になることもありました。

ある日、しーちゃんが発信していた瞑想（超感覚メソッドONE）がきっかけで、頭の中を支配していた重たい鉛のようなものが溶けて消失し、目に見える景色は変わ

らないのに、まるで違う場所に立ったような不思議な意識体験をしました。「目の前の現実は自分の内側が映し出している虚像にすぎない、スクリーンと映写機の関係。嫌ならフィルムを替えるだけ」という例え話はまさに言い得て妙でした。しかし、分かったとしても、日常で取り扱いできるようになる必要がありました。

まもなく、しーちゃんがミラからのメッセージを降ろしてアドバイスをするというコミュニティを整えてくださいました。不要な思い込みにまみれている私の質問に対して、ミラは軽やかに回答してくれました。

ミラは深刻気味な私に「アホになれ」「嫌いな上司は長靴のかかとで蹴とばせ」「ヘイボーイ！と言って！」など、びっくりするようなアドバイスをしてきました。言葉に乗るエネルギーはコメディタッチで笑いにあふれ、緊張や深刻さから程遠く、おかげで真面目をやめるチャレンジをたくさんすることができました。

その結果、私は難関の事業補助金をいくつも通すことに成功し、子どもたちはみな豊かな自立を成し、稼業では新サービスを動かし始め、想像を超える海外進出の足がかりもできました。どれも不思議なことにある日「ある人」が現れ、繋いでサポートしてくれました。これが、ミラが言っている人間だからこそ選んで紡げるストーリーであり、ドラマであり、「いいね！　いいね！」の醍醐味なのだと思います。

嘆きのミルクレープを量産していた過去の私が別人のような人生を歩み始めています。ミラ、本当にありがとう。

意識を切り替えたら、仕事も日常も驚くほど好転

――A・K

私は新たな仕事として、短時間ながら風水の鑑定を始めていた。でも、モニター期間が終わり、正規料金にしたとたんに閑古鳥状態に。この先どうしたらいいか、しーちゃんとミラに相談した。

返ってきた答えは、「創始者の意識でやって！」、つまり、風水の創始者という意識でやることだった。

え!?　と驚くとともに、思わず笑ってしまった。でも、私が創始者と意識した瞬間、エネルギーが変わったという。「え、そうなの？　意識を変えるだけで、現実も変わるのだろうか？」、私は実験することにした。

まず、道を渡りたいとき、「私、渡ります！」と女王さまの意識で立ってみた。すると、面白いくらいすぐ車が停止した。職場でも、「この場は私でもっている！」くらいの意識で働いてみた。気づくと感謝されることが増えている。意識の力ってすごいのかもしれない。

ある日、車の点検で代車をお願いすると、来るはずの軽自動車が来ないという。次に来るはずのミニバンも来ない。結局、ディーラーの中で最高級の車が目の前に現れた。「私にふさわしいってこと？」なんて冗談で思ったけれど、「意識を変えたら、あなたの前に現れる現実はこれよ！」って教えてくれたのかもしれない。

12月になり、新年の風水鑑定を募集する時期になった。「意識を変えれば大丈夫！」とわかっているのに、まだ正規料金の3万円で募集できない自分がいた。結局、以前からのお客様に割引価格ですることになった。

意識を創始者にチューニングして臨んだ。勘を取り戻した私はどんどん元気になり、鑑定が終わると、不思議と次の予約が入った。

そんな中、ある方から鑑定を受けたいと申し出があった。そのときは正規料金でないと逆に失礼な感じがした。価値を存分に受け取って欲しかった。結局、普通に正規料金で鑑定を受けてくださり、すごかったと周りに伝えてもくれて、新たなご依頼もあった。正規料金では難しいという私の思い込みの壁は、悠々と打ち破られた。やっとスタート地点に立てたようで、心底うれしかった。

これはしーちゃんと出会って、2カ月もしない間のできごと。〝さなぎのまま寝ててもいいんだけど、こんな蝶にもなれるよ！ あなたそれやりに来たんじゃないの？〟って、しーちゃんとミラは教えてくれたようだった。私は長い冬眠から覚めたかのように、動き始めた。しーちゃん、ミラ、ありがとう。

3つのキーワードで人に影響を与えられる自分へと変化

——加藤ゆき

「BSDアーティスト養成講座」に入った2021年9月の私に、「ブラボー！」と言いたい。しーちゃんとミラに出会い、生き方がすっかり変わったからだ。

特に影響を受けた3つのキーワードがある。「音を出す」「ミルクレープ」「直感チャレンジ」。

まず「音を出す」。2021年9月、1期の講座が始まってすぐに、しーちゃんとミラが言った。「1期の感想をSNSに投稿して、あなたの音を出してください」。

それまで心の声をほとんど投稿していなかった私は、感想を書くことにかなりの勇気がいった。しかも、投稿を見て数人がBSDに入ったと知り、震えるほど怖くなった。自分の投稿が人に影響を与えるなんて、と恐ろしかったのだ。だが、入った人は喜んでくれた。

今ではそれが「音を出し、存在を響かせる」ことなのだとよくわかる。今や当たり前に音を出し、商品を告知する仕事をするまでになったが、その第一歩がまさにこの投稿だった。

次に、「ミルクレープ」。人の創った悲惨な現実を「気の毒」「かわいそう」と見る視点から抜け出せず、自分の幸せにすら罪悪感を覚えていた私が、どんなに悲惨な現実もその人が創り出している、という視点に立てたのは、「ミルクレープ」という、とてもわかりやすく象徴的で、ユーモアにあふれる言葉のおかげ。罪悪感というミルクレープ作りをやめ、自らの力で現実創造すると決めることができた。

3つめ、「直感チャレンジ」。投稿することすら怖かった私が、2022年5月の2

期「聖誕祭」では、チアダンスと合唱でステージに立った。「人目が怖い」「交通費や宿泊費は？」といった恐れや不安が襲ったが、「怖いはやるやつ」を胸にチャレンジし、得難い経験と、今でも励まし合える仲間ができた。

しーちゃんのミュージカル「THE STAR～悪魔と契約した男～」が始まるときは、応援企画として、〝チケットを買った人にセッションをプレゼントする〟という直感が来た。「誰も申し込まないのでは」という恐れを「超感覚メソッドONE」で統合し、ソースの磁場の上で告知文を書いた結果、半日で満席、増枠分も15分で埋まった。セッションも次のステップに繋がるとても実りあるものになった。

2021年9月以降、私の生き方は常にBSDと共にある。にもかかわらず、忘れがちな「ソース・アホ・エンジョイ」(笑)。こんな私も「いいね！ いいね！」で、いつだって創造主の立ち位置に戻れる。

そう思えるのは、しーちゃんとミラの数々の言葉、教えがいつも私の中にあるからだ。しーちゃん、ミラ、本当にありがとう！

おわりに

この変化の激しい時期に、この本を通してミラの情報はもちろんのこと、その軽やかでユニークなエネルギーをお届けできることを、大変光栄で幸せなことと感じています。

今、社会の急激な変化についていけずに、迷っている人も少なくありません。かくいう私、シーラもそんな一人。

イマココからブレると、とたんに世界の見え方が違って見える。そんなとき、高い視座にいながらも決してジャッジしないミラのメッセージは、安心してもう少し自分を、そして自分がクリエイトする現実をも信頼しようと思わせてくれます。

と同時に、宇宙という壮大な場所が自分の内側にあり、その永遠の静けさに溶けていくのを助けてくれます。

この本は、2021年に私がミラの存在を受け入れることに許可を出し、延べ

3000人以上が参加したBSDアーティスト養成講座で発信した内容を中心としています。その情報があまりに多くて、どれを載せるのかが大きな悩みでした。

そして、この本を書くにあたり、ミラから新しく渡されたメッセージも追加しました。

ミラのメッセージを受け取った多くの人の歓喜は、今も私の胸奥にあり、それが勇気をくれています。

宇宙存在なんていない、宇宙人の情報なんて怪しいと言われる社会的な認識がある中で、この本が世に出ることは、正直いまだ恐れがあります。2021年にミラを初めてインスタグラムで公開したときの恐怖も凄かったのですが、世界が広がっていく度に、勇気が必要になります。

そんな私が、それでも一歩前に踏み出そうとするのは、ミラと出会うことで自分に力を取り戻した人たちから多くの幸せな報告を受けたり、実際その姿を見てきたからです。

私自身もミラの情報を使って、たくさんの幸せな奇跡を体験しました。悟りの一瞥体験が、自身に起こった最近の変容ですが、それもまたミラとの出会いがなかったら、真我と普段の自我の次元が違いすぎて体験できなかったのではないかとも思います。

ミラのような宇宙存在は、自我と真我の間を繋いでくれるような働きをすると私は捉えていて、これから多くの人に覚醒が起こっていくときに、とても大切な役目をしていくのではないかと感じています。

最後にミラからのメッセージです。


ハロー、エブリワン。

今、あなたたちの世界では、大波小波、いろいろな波がやって来て、あなたという意識の船は大きく揺れています。

しかし、それは変化の印。

ジェットコースターに乗っている気分で楽しんでください。

この時期を経て、今後あなたたち人類は大きく力を取り戻し、その先で、この惑星の人類の新しいビジョンが立ち現れてきます。
ボクたちは、そのうねりのような足音を聞いて、
ワクワクして、そのサポートにやって来ました。
それは本当にね、人類史上の想像を超えた変革です。
新生地球の遊び方が、本格的に始まるのです。
今に集中して、初めての、そして二度とこない、
人類の夜明けを楽しんでください。
始まるとき、同時に終わっています。
イマココにしか鍵はありません。
でも、イマココにあったら、すべてのドアは開かれています。
とてもとてもシンプルです。
あなたたちが「簡単さ」の魔法を使えるようになりますように。

エンジョイ!

実は、この本の原稿を書き上げた直後、私シーラにとってはとてつもない試練が訪れました。

それは決して楽に乗り越えられるようなことではなく、あまりに辛くて「今日を人生最後の日にしよう」「だったら、今日は笑顔で幸せに生きよう」という心境が1カ月ぐらい続きました。

その頃は、ミラと接触する気になれず、交流を絶っていました。今から思うと、ミラに触れると、ぽんっと周波数が上がってしまい、深刻さの中にいられなかったからだと思います。

でも、そんなときでも、この本の校正作業は待ってはくれません。嫌々ながら、この原稿に向き合いました。すると、びっくりするほど一気に気持ちが楽になって、その出来事の見え方が全く変わることが起こりました。

時間が経った今、その試練が与えてくれたギフトはあまりに大きく、〝それがあったからこそ〟の道が、私を想像もしなかった未来へと運んでくれています。

本書の中で「ユニバーサルサーフィン」について書きましたが、まさしく自分に、それが起こったのです。

一見ネガティブに見える試練や悲劇、それは、それが起こらなかった人生よりも早く、魂の目覚めが起きる次元に導いてくれているのではないかと確信するようになりました。

だからね、今、私と同じように辛いことが起こっていても大丈夫！　宇宙はいつだって、そのままのあなたを応援しています。

最後になりましたが、その試練の真最中に私を支えてくれた中澤弘幸師匠（黄檗売茶流先代お家元）、小川敦子さんをはじめ、家族や心友たちに心からお礼を申し上げます。

この本は多くのBSDコミュニティの仲間の協力によって出来上がりました。みなさんの果敢な「自分に繋がりたい」という想いが本書には詰まっています。

莫大な資料を整理してくれたメンバーのほか、今井菜留美さん、碧井サキさん、恋池りもさん、櫻井恵子さん、西村幸子さん、めぐちょさんには素敵なイラストを描いていただきました。

この本がこの世界に現れるサポートをしていただいた、すべてのみなさま、心から

ありがとうございます♡
この本を読んだあなたも、フラワー作戦の一員です。ぜひ、ミラの情報を世界に拡散するお手伝いをしてくださいね👽

さぁ、みなさん、人生の操縦桿をとる心の用意はできましたか？

困ったとき、悩んだときはもちろんのこと、インスピレーションが欲しいとき、宇宙的なエネルギーに触れたいとき、この本を開いてください。高い次元の存在たちがサポートをしてくれることでしょう。

「はじめに」でも書きましたが、この本は〝**悟り前の地球の遊び方バイブル**〟です。

目覚めた意識で、この物理次元を楽しみましょう。

今日は「どんな現実」創って遊ぶ？

２０２４年10月

ミラ＆シーラ（旺季志ずか）

著者紹介 ……………………………………………………………

旺季 志ずか（おうき・しずか）

脚本家、小説家、演出家。脚本作品に、ドラマ「ストロベリーナイト」「正義の味方」「特命係長 只野仁」「カラマーゾフの兄弟」「女帝」「屋根裏の恋人」「トイレの神様」「佐賀のがばいばぁちゃん」など。初の小説『臆病な僕でも勇者になれた七つの教え』（KADOKAWA）は、ベストセラーに。「宇宙意識と繋がり、笑いと涙で世界に目覚めを起こす」をコンセプトにエンタメ作品を製作。ミュージカル「THE STAR 〜悪魔と契約した男〜」は終演後、意識の次元が上がり幸せな奇跡が起こることから「覚醒ミュージカル」と呼ばれている。現在は、宇宙存在ミラの情報「悟り前の地球の遊び方読本」をYouTube、インスタグラムで配信中。

著書は他にも『虹の翼のミライ』（KADOKAWA）、『モテ薬』（小学館）など。

HP：https://www.ouki-shizuka.com

ミラの情報を「音」で受け取りたい人は、YouTube「旺季志ずかの宇宙は舞台」に遊びにお越しください。
https://www.youtube.com/@user-fe7oy5lr1p

読者特典プレゼント！


ミラの「新生地球の遊び方」動画をプレゼントします。

お申し込みはコチラへ登録！

LINE

宇宙存在ミラが教える
最高にハッピーに生きるアイデア
悟り前の地球の遊び方バイブル

●

2024年11月11日　初版発行
2025年1月24日 第3刷発行

著者／旺季志ずか

装幀・DTP／ Dogs Inc.
編集／湯川真由美

発行者／今井博揮
発行所／株式会社 ナチュラルスピリット
〒101-0051 東京都千代田区神田神保町3-2 高橋ビル2階
TEL 03-6450-5938　FAX 03-6450-5978
info@naturalspirit.co.jp
https://www.naturalspirit.co.jp/

印刷所／シナノ印刷株式会社

ISBN978-4-86451-496-5 C0011